Erwin Ringel, Selbstmord

Erwin Ringel

Selbstmord

Appell an die anderen

Chr. Kaiser

CIP-Kurztitelaufnahme der Deutschen Bibliothek

Ringel, Erwin:
Selbstmord, Appell an die anderen / Erwin Ringel. – 4. Aufl. –
München : Kaiser, 1989
(Kaiser-Taschenbücher ; 68)
ISBN 3-459-01831-3
NE: GT

Dieser Titel war bisher in der Reihe »wachsen und gestalten« lieferbar,
hg. von Richard Ries.
Umschlag: Ingeborg Geith, München, unter Verwendung des Motives,
Blatt 1 zu Leo Tolstoi »Der lebende Leichnam«
von Walter Gramatté, 1919.

ISSN 0931-7732
Satz: Buch- und Offsetdruckerei Wagner GmbH, Nördlingen
Druck u. Bindung: Clausen & Bosse, Leck

Inhalt

ERSTER TEIL

SELBSTMORD UND SELBSTMORDVERHÜTUNG – MEDIZINISCHE UND TIEFENPSYCHOLOGISCHE INFORMATIONEN

I. Der Selbstmord als spezifisch menschliches Phänomen

Statistisches

Täglich sterben in der Welt mehr als 1000 Menschen durch Selbstmord; die Zahl der Selbstmordversuche ist um ein Vielfaches, mindestens fünf-, wahrscheinlich sogar achtmal höher.

Freilich muß davor gewarnt werden, aus statistischen Angaben allzu rasch und kritiklos verbindliche Schlüsse zu ziehen. Es wurde durch vergleichende Untersuchungen nachgewiesen, daß die Selbstmordzahlen in den einzelnen Ländern auf ganz verschiedene Weise ermittelt werden, ihre Verläßlichkeit somit von recht unterschiedlichem Wert ist. In einem Land scheint es fast unmöglich, einen Selbstmord zu verheimlichen, in einem anderen gelingt dies wiederum sehr leicht. Da der Selbstmord heute noch vielfach, worauf wir später zurückkommen werden, als ein peinliches Phänomen gilt, zeigen viele Angehörige die Tendenz, eine andere Todesursache anzugeben. Sind sie dabei erfolgreich, entsteht die sogenannte »Dunkelziffer«. Die diesbezügliche Situation gibt am besten die Antwort eines dänischen Forschers auf die Frage, wieso gerade in seinem Land die Selbstmordquote relativ hoch (19) sei, wieder: »Weil wir eine so exakte Statistik haben.« Über Selbstmord*versuche* existieren fast nirgends offizielle Registrierungen, hier sind wir also auf jeden Fall auf Schätzungen angewiesen.

Trotz allem wird man sagen können, daß es Länder gibt, die eine anhaltend hohe, und andere, die eine konstant niedere Selbstmordziffer aufweisen. In einer Stadt mit einer Sondersituation wie West-Berlin liegt sie ständig weit über 30 pro Hunderttausend; in Ungarn, Österreich und der CSSR (also den wesentlichen Nachfolgestaaten der Österreichisch-Ungarischen Monarchie) über 20; auch in der Bundesrepublik Deutschland beträgt sie etwa 20 und zeigt eine weiter steigende Tendenz. Eine Selbstmordrate unter 10, wie sie etwa Italien, Spanien, Irland, Griechenland und Israel haben, muß als ausgesprochen niedrig bezeichnet werden. Daraus werden im allgemeinen doch gewisse Schlüsse über die seelische Situation, das psychohygienische Klima, das in einem solchen Lande herrscht, gezogen werden können. (Vergleiche Nestroy: »An einem Orte, wo das Leben nicht viel zu bieten hat, kann das Sterben nicht schwerfallen«). Alles in allem steht fest, daß die Selbstmordzahlen mit der fortschreitenden Zivilisation angestiegen sind, und es gibt auch recht einleuchtende Erklärungsversuche dafür (siehe später). Unter diesen Umständen wird es niemanden wundern, daß die Selbstmordquoten gerade in Europa eine erschreckende Höhe erreicht haben.

Man kann die ernste Situation auch anders ausdrücken: So sterben z. B. in Gesamtdeutschland jährlich 15 000 Menschen durch Selbstmord – das sind mehr als durch Verkehrsunfälle oder durch Tuberkulose – jeder 40. Todesfall ist dort ein Selbstmord; in vielen Ländern kommen mehr Menschen durch Selbstmord um, als durch alle Infektionskrankheiten zusammen. Um auch auf die außereuropäischen Länder zu verweisen: allein in den Vereinigten Staaten haben sich in den letzten 10 Jahren 170 000 Menschen das Leben genommen, jede 24. Minute stirbt dort ein Mensch durch Selbstmord.

Selbstverständlich hat sich die statistische Erforschung nicht mit der bloßen zahlenmäßigen Erfassung der Selbstmordfälle begnügt, sondern sich bemüht, auch andere Gesichtspunkte herauszuarbeiten; so die Beziehungen zwischen Selbstmord und Alter, Geschlecht, Familienstand, Beruf, Bevölkerungsdichte, Lebensstandard, Jahreszeit, Klima, gewähltem Mittel, politischer Situation, sowie Religion, um nur die wichtigsten zu erwähnen. Es ist nicht leicht, die unterschiedlichen Resultate dieser Bezugssysteme in den verschiedenen Ländern auf einen gemeinsamen Nenner zu bringen. Vielleicht ist es aber doch möglich, im Durchschnitt festzustellen, daß der Selbstmord beim Mann (immer noch) häufiger vorkommt als bei der Frau (deren Selbstmordziffer aber in den letzten Jahrzehnten stärker im

Ansteigen begriffen ist als die des Mannes), beim alten Menschen öfter als beim jungen (in der Kindheit stellt er eine absolute Seltenheit dar), beim isolierten (Vereinsamung, Scheidung, Witwenstand, Kinderlosigkeit) öfter als bei demjenigen, der in guten zwischenmenschlichen Beziehungen lebt, in der Stadt häufiger als auf dem Land (obwohl gerade in den letzten Jahrzehnten der Selbstmord auch in ländlichen Gegenden, in denen er früher eine Seltenheit darstellte, beunruhigend zuzunehmen beginnt). Heftige Kämpfe um die Auslegung der statistischen Resultate fanden insbesondere auf dem enorm weltanschaulich und damit emotional besetzten Gebiet des sozialen Status statt: Hier bleiben die Ergebnisse zwiespältig insofern, als ein steigender Lebensstandard gewöhnlich auch zu einer steigenden Selbstmordrate führt, von der die gehobeneren Schichten der Bevölkerung mehr betroffen sind als die niedrigeren, aber andererseits schwere Wirtschaftskrisen (wie etwa die zwischen den beiden Weltkriegen) die Selbstmordrate ebenfalls erhöhen. Politische Umstürze, insbesondere Verfolgungen durch Diktaturen, verstärken die Selbstmordneigung; hingegen pflegt in Kriegen im allgemeinen die Selbstmordrate, vor allem bei Männern, zu sinken (über beide Phänomene siehe später). Als letztes wichtiges statistisches Resultat sei schließlich der in allen Ländern festzustellende jeweilige Frühsommergipfel der Suizidkurve erwähnt; paradoxerweise steigt also die Selbstmordtendenz in der Zeit des erwachenden Lebens, ein Beweis mehr dafür, daß dieses Phänomen niemals bloß verstandesmäßig, sondern immer auch gefühlsmäßig verursacht ist: diese Erkenntnis wird man natürlich auch bei der Methodik zur Erforschung des Suizids berücksichtigen müssen.

Erklärungsversuche

Der Mensch dürfte das einzige Lebewesen sein, welchem es möglich ist, sich selbst den Tod zu geben. Es ist vielleicht das größte Geheimnis seiner Existenz, daß unter den vielen Entscheidungen, die ihm ermöglicht und gleichzeitig auferlegt sind, sich auch die schwerwiegendste, nämlich die zwischen Sein und Nichtsein befindet. Soweit wir bis heute wissen, kennt das Tier den Selbstmord nicht; wohl sind auch bei bestimmten Tiergattungen Verhaltensweisen bekannt, die – meist in Panikzuständen – zur Selbstvernichtung (oft auch als Massenphänomen) führen. Dennoch fällt es schwer, in diesem Zusammenhang von Selbstmord zu sprechen, weil derselbe eine Vorstellung vom eigenen Ich, also eine Selbstreflexion, insbesondere auch das bewußte Erleben der Beendbarkeit der Existenz zur Voraussetzung hat.

Jedenfalls scheint es verständlich, daß dieses ungewöhnliche Phänomen, welches geradezu als ein spezifisch menschliches Charakteristikum bezeichnet werden kann, seit Anbeginn das Interesse forschender Geister erweckt hat. Schon ein erster Blick belehrt darüber, daß es sich beim Selbstmord um ein enorm kompliziertes, ein »komplexes« Problem handelt: so wenig es möglich ist, ihn auf einen einzigen Faktor zurückzuführen, so wenig genügt es, ihn von einer bestimmten begrenzten Warte aus darzustellen. Man wird hier auf die Zusammenarbeit der verschiedensten Forschungsrichtungen, etwa der medizinischen, der psychologischen, der philosophischen, der ethischen, soziologischen, statistischen und religiösen angewiesen bleiben, um nur die wichtigsten zu erwähnen.

Wenn im ersten Teil der tiefenpsychologisch-medizinische Aspekt besonders beleuchtet werden wird, so hat das folgenden Grund: *Die praktische Erfahrung lehrt, daß der Selbstmord in der überwiegenden Mehrzahl aller Fälle in einer seelisch krankhaften Verfassung begangen wird, für die dementsprechend der Mediziner, insonderheit derjenige, der sich mit der Psyche beschäftigt, also der Psychiater und Tiefenpsychologe, zuständig ist.* Der Laie stellt immer wieder die Frage, ob nicht auch ein seelisch völlig Gesunder, also ein »normaler Mensch«, unter gewissen Umständen Selbstmord begehen könnte. *Diese Frage ist an und für sich durchaus zu bejahen. Aber die Erfahrung lehrt, daß diese theoretische Möglichkeit in der Praxis doch nur äußerst selten vorkommt.*

Wir haben im wesentlichen zwei Möglichkeiten, um die

seelische Befindlichkeit von zum Selbstmord neigenden Menschen zu beurteilen: einerseits die Untersuchung von Personen, die einen Selbstmordversuch unternommen haben, andererseits die Bemühung, die Lebensgeschichte von Menschen, die durch Selbstmord gestorben sind, zu rekonstruieren. Beide Vorgangsweisen decken fast ausnahmslos psychische Störungen als die eigentlichen Ursachen der meisten Selbstmordhandlungen auf. Der Laie pflegt an dieser Problematik vorbeizugehen, indem er zwischen für ihn verständlichen, d. h. einfühlbaren und andererseits nicht einfühlbaren Selbstmordhandlungen zu unterscheiden versucht. Ein hoffnungslos Krebskranker hat vom Leben nichts mehr zu erwarten, seine Selbstmordhandlung erscheint somit einfühlbar und damit normal und geradezu »gesund«. Der Selbstmord eines jungen Millionärs hingegen, der in den günstigsten Bedingungen zu leben scheint, bleibt rätselhaft und unheimlich, hier ist man eher geneigt, an eine psychische Störung zu glauben. Natürlich können schlimme Lebensbedingungen den Gedanken an Selbstmord nahelegen, man übersieht aber nur allzuleicht bei der Gleichsetzung von »einfühlbar« und normal, daß auch wiederum nur ganz bestimmte (und keineswegs alle) Menschen, die sich in einer sogenannten »ausweglosen« Situation befinden, tatsächlich Selbstmord begehen. Es muß also hier ein Ausleseprinzip wirksam sein, und dieses kann wohl nur gefunden werden in der seelischen Verfassung des Betreffenden: nicht die Situation allein, in der er sich befindet, bringt die Entscheidung, diese fällt vielmehr durch seine persönliche Antwort auf die Situation, seine Belastbarkeit, seine Toleranzfähigkeit, und diese ist wiederum ganz wesentlich von seiner psychischen Struktur abhängig, der somit die entscheidende Schlüsselposition im Ablauf des Phänomens Selbstmord zukommt.

Daß es nicht ausreicht, durch eine objektiv distanzierte, gleichsam »richterliche« Haltung das Selbstmordphänomen aufzuschlüsseln, hat im übrigen auch die philosophische Stellungnahme zum Selbstmord bewiesen. Zwar hat Camus, vielleicht mit Recht, gesagt, daß es nur *ein* wirklich ernstliches philosophisches Problem gäbe, nämlich den Selbstmord, hat aber vergessen hinzuzufügen, daß der Philosoph über den Selbstmord immer nur theoretisch abhandeln, jedoch niemals erklären kann, warum es in einem bestimmten Fall tatsächlich zum Selbstmord kommt. Hans Mayer hat diesen Unterschied erfaßt, als er betonte, daß der Selbstmord zwar ein erträumtes Ziel des Täters sei, aber dieser Traum nicht ausreiche, ihn auch tatsächlich auszuführen – vielmehr erfolge er erst dann, wenn der Charakter und die Persönlichkeit des Betreffenden sich im Zusammenbruch befinden. Gerade in den Vorgang nun, der zu diesem Zusammenbruch führt, hat uns die moderne Psychiatrie und Tiefenpsychologie wertvolle Einblicke vermittelt, auf die im folgenden näher eingegangen werden soll.

II. Das »präsuizidale Syndrom«

Der Verfasser hat im Jahre 1949 auf Grund der Untersuchung von 745 geretteten Selbstmördern bei all diesen Menschen vor ihrer Tat mit solcher Übereinstimmung eine gemeinsame seelische Befindlichkeit rekonstruieren können, daß er sich wohl berechtigt fühlte, hier von einem »präsuizidalen Syndrom«[1], also von einer dem Selbstmord vorausgehenden charakteristischen Befindlichkeit zu sprechen. In der Zwischenzeit konnten diese Befunde in der ganzen Welt bestätigt und weiter präzisiert werden. Viele Ärzte verwenden das präsuizidale Syndrom heute als den entscheidenden Gradmesser bei der Beurteilung der so schicksalhaften Frage, ob und in welchem Ausmaß bei einem Patienten Selbstmordgefahr gegeben ist.
Zweifelsfrei kann jeder Mensch in die Grundprinzipien des präsuizidalen Syndroms so eingeführt werden, daß er sie versteht und bis zu einem gewissen Grad im praktischen Leben anwendet. In diesem Sinne soll nun im folgenden der Versuch gemacht werden, das Syndrom zu erklären:

Seine entscheidenden Elemente bezeichnen wir als
- Einengung,
- Gehemmte und gegen die eigene Person gerichtete Aggression,
- Selbstmordfantasien

Für den Leser, der sich an einigen Stellen betroffen fühlt, erschrickt oder sich gar in seinen dunklen Ahnungen bestätigt sieht, sei hier vorausgeschickt: Die psychischen Verhaltensweisen, die das »präsuizidale Syndrom« ausmachen, lassen sich beseitigen, es gibt vielfache Hilfen für die einzelnen Problemkonstellationen, denen die folgenden Kapi-

1 »Syndrom« kommt aus dem Griechischen und bezeichnet das »Zusammenlaufen« bzw. Zusammenkommen verschiedener Faktoren – in unserem Fall verschiedener psychischer Störungselemente zu einem bestimmten Krankheitsbild.

tel gewidmet sind. Zuvor aber ist eine gründliche sachliche Information unerläßlich, die den Mitmenschen hilft, die Entwicklung zum Selbstmord hin zu erkennen und zu verstehen, dem Betroffenen aber v. a. die Bedingtheit *und* Heilbarkeit seiner gegenwärtigen oder zeitweiligen Befindlichkeit vor Augen führt und ihn damit vor voreiligen Reaktionen bewahrt.

Einengung

1) Einengung der persönlichen Möglichkeiten (situative Einengung)

Normalerweise ist die menschliche Existenz durch eine Fülle gegebener Gestaltungs- und Entfaltungsmöglichkeiten gekennzeichnet. Im präsuizidalen Status hingegen ist dieses Gefühl weitgehend oder völlig verloren gegangen. Die Umstände werden als bedrohlich, unveränderbar, unüberwindbar, also als übermächtig erlebt, die eigene Person wird als klein, hilflos, ausgeliefert und ohnmächtig empfunden. Auf diese Weise herrscht der Eindruck, gleichsam von allen Seiten behindert und umzingelt zu sein, als wäre man in einem Raum, dessen Wände immer enger zusammenrücken und kaum einen Ausweg übrig lassen, es sei denn den in den Selbstmord. Ein solcher Status erinnert fatal an die Lage des Panthers im Zoo, von dem Rilke sagt: »Ihm ist, als ob es tausend Stäbe gäbe und hinter tausend Stäben keine Welt«.
Es ist nun sehr wichtig zu überlegen, wie der Mensch in eine solche situative Einengung geraten kann. Hier gibt es zumindest drei Möglichkeiten:
Sie kann auftreten

a) als Folge von schicksalhaftem Unglück (z. B. unheilbare Krankheit, Todesfälle in der Familie usw.),

b) als Folge eigener Verhaltensweisen (bei vielen Menschen ist die eingeengte Situation Resultat ihres eigenen Fehlverhaltens; ein typisches Beispiel dafür wäre unter anderem die Lage, in der sich Hitler in der umzingelten

Reichskanzlei in Berlin unmittelbar vor seinem Selbstmord befand),

c) als bloße persönliche Einbildung. Jeder wird aus seinem eigenen Leben die Möglichkeit kennen, eine Situation im Moment oder auch für längere Zeit als viel schlimmer und hoffnungsloser zu bewerten, als sie tatsächlich ist. (Charakteristisch dafür ist z. B. die Krebsfurcht, die Einbildung, an dieser Krankheit zu leiden und verloren zu sein; es bleibt ein alarmierender Tatbestand, daß die Selbstmordquote aus Angst, man hätte Krebs, höher ist als die bei tatsächlicher Krebserkrankung – ein erschütterndes Beispiel für die Macht der Fehlbewertung einer Situation).

Die Unterscheidung dieser drei Möglichkeiten ist vom praktischen Standpunkt her sehr wichtig. Liegen objektive Schicksalsschläge vor, so ist damit über die Art der persönlichen Antwort auf diese traurigen Ereignisse noch nichts ausgesagt: Hier kann die Antwort sowohl positiv (Überwindung) als auch negativ (Zusammenbruch) sein. Ist aber die Einengung der Möglichkeiten Resultat der eigenen Verhaltensweisen oder gar persönlicher Einbildung, spricht beides dafür, daß die Persönlichkeit psychisch gestört ist. Somit wird die Wahrscheinlichkeit größer sein, daß eine solche Persönlichkeit auf die tatsächliche oder eingebildete kritische Lebenssituation mit einem Zusammenbruch reagiert. Dieser Zusammenbruch äußert sich gewöhnlich als »dynamische Einengung« (wir verstehen darunter eine Einengung der Fantasie, der Gefühle und Antriebskräfte), die als weiteres Kernstück der präsuizidalen Einengung zur Einengung der äußeren Situation hinzukommt.

2) Einengung der Gefühlswelt (dynamische Einengung)

In ihrem Rahmen findet eine einseitige gefühlsmäßige Ausrichtung der Persönlichkeit statt. Die Stimmung, die Gedanken, Vorstellungen, Assoziationen gehen nur noch in eine Richtung. Die normalerweise wirksame Gegenregulation, die zu einem Ausgleich führt, versagt (man hat die berüchtigte »schwarze Brille« auf, durch die man alles verzerrt sieht und sich in seinem Pessimismus immer noch mehr bestätigt findet). Diese einseitige Ausrichtung führt schließlich zu Depression, Verzweiflung, Angst und Panik oder auch zu unheimlicher Ruhe (die nur nach außen hin das dahinterliegende Chaos verbirgt), bis sich die Persönlichkeit von dieser einen übermächtigen Tendenz zum Selbstmord gezwungen fühlt. Denn die dynamische Einengung erreicht im Moment des Selbstmordes ihren Höhepunkt; im Zeitalter der Raumschiffahrt mag daran erinnert werden, daß es einer unheimlichen Antriebskraft (ähnlich derjenigen, die imstande ist, die Anziehungskraft der Erde zu überwinden) bedarf, um den Selbsterhaltungstrieb auszuschalten. Nur eine hochgradige dynamische Einengung, also ein *gefühlsmäßiger* Vorgang, niemals aber bloß rationale »Überlegung« vermag diese freizusetzen. Ein Patient antwortet auf die Frage des untersuchenden Arztes, ob er sich umbringen wolle, treffend: *»Wer will das schon? Das tut man doch gegen seinen Willen.«* Aus dem Gesagten ergibt sich auch, wie unhaltbar, ja verhängnisvoll irreführend das im Deutschen oft als Synonym für Selbstmord gebrauchte Wort »Freitod« eigentlich ist. Nicht nur wird damit ein Tatbestand falsch beschrieben, sondern diese falsche Qualifikation hat auch für den Zuhörer und Beobachter verhängnisvolle Folgen: Er ist geneigt, den »freien Willen« des Täters zu respektieren, fühlt sich berechtigt, ja sogar verpflichtet, untätig zu bleiben und nicht einzugreifen, um jedem »seinen Willen« zu lassen, noch dazu in einer Zeit, die sowieso die »private Sphäre« des Einzelnen immer mehr beschränkt. Liest ein solcher Mensch noch die philosophische Feststellung, daß der Selbstmord die letzte Freiheit sei, die dem Menschen in einer Zeit der Unfreiheit verblieben ist, so mag auch der letzte Rest seiner Bereitschaft, dem Selbstmordgefährdeten beizustehen, erloschen sein. Daher als Antwort noch einmal zusammenfassend die Feststellung eines prominenten verstorbenen österreichischen Journalisten, der einmal treffend formuliert hat: Selbstmord ist nicht letzte Freiheit, sondern im doppelten, und damit schlimmsten Sinn des Wortes, »die letzte Unfreiheit« des Menschen.

3) Einengung der zwischenmenschlichen Beziehungen

Hier haben wir es wieder mit einem gemeinsamen Nenner – und vielleicht dem wichtigsten – aller selbstmordgefährdeten Menschen zu tun: Sie sind einsam, isoliert, fühlen sich verlassen, unverstanden. Diese Isolierung kann zumindest in dreifacher Form in Erscheinung treten:

a) als totale Isolierung; das tragischste Beispiel dafür sind alte Menschen, deren Tod oft tagelang nicht bemerkt wird. Sie sind so allein, daß sie von niemandem vermißt werden, niemandem abgehen, sich niemand um sie kränkt.

b) als zahlenmäßiger Rückgang zwischenmenschlicher Beziehungen, bis man sich schließlich an eine einzige Person anklammert, von der dann im Wortsinn Leben und Tod abhängig erscheinen. Es tut in diesem Zusammenhang not, daran zu erinnern, daß eine Bindung, die völlige Abhängigkeit mit sich bringt, für die seelische Gesundheit aus mehrfachen Gründen gefährlich ist.

c) als Entwertung vorhandener Beziehungen durch Verlust der echten Verbundenheit sowie ihre mangelhafte, ja oft sogar fehlende Gestaltungs- und Formungsfähigkeit. Mitten in einer Unzahl scheinbar funktionierender Bezogenheiten kann man in Wirklichkeit sich völlig unverstanden und einsam fühlen, wie es etwa Wildgans in den folgenden Verszeilen beschreibt:

> Und Freunde kannst Du haben, Weib und Kind,
> und so allein sein wie ein Baum im Wind,
> der zitternd steht auf namenloser Heide;
> und mit den Freunden hast Du viel verbracht,
> und mit dem Weibe schläfst Du jede Nacht,
> und jenes Kind ist Deiner Seele Weide.

4) Einengung der Wertwelt

Schon die ersten Untersuchungen des Verfassers, die sich auch auf bestimmte Testbefunde (von Margarete Stepan ausgearbeitet) stützten, konnten eindeutig zeigen, daß sich der selbstmordgefährdete Mensch durch eine beträchtliche

Störung seiner Wertbezogenheit kennzeichnet. Im einzelnen kann dabei gefunden werden:

a) Mangelnde Beziehungen zu Werten, Entwertung vieler Lebensgebiete. Als ein klassisches Beispiel dafür sei die Wertreduktion angeführt, die Peter Handke bei seiner Mutter in dem Buch »Wunschloses Unglück« feststellt, welches den Weg dieser Frau bis zum Selbstmord beschreibt. »Sie hatte keine Liebhabereien, kein Steckenpferd; sammelte nichts, tauschte nichts; löste keine Kreuzworträtsel mehr. Schon lange klebte sie auch die Fotos nicht mehr ein, räumte sie nur aus dem Weg.« Durch diese mangelhafte Wertbezogenheit kommt es natürlich zu zunehmender Interesselosigkeit, Gleichgültigkeit, »Verdünnung« des Lebens, Langeweile. Nicht zufällig gerät im »Zerrissenen« von Nestroy ein Mann, der feststellt, »daß die Natur auch an einer unerträglichen Sterotypigkeit kränkelt«, hart an den Rand des Selbstmordes.

b) Mangelhafte praktische Wertverwirklichung. Aus der mangelnden Beziehung zu Werten folgt sehr oft die Unfähigkeit, sich für Werte einzusetzen, eigene Kraft in ihre Verwirklichung zu investieren, und aus dem Verwirklichten eine Aufwertung des Selbstwertgefühls zu erfahren. Das geschädigte oder gar zerstörte Selbstwertgefühl aber öffnet der Selbstvernichtung an einem entscheidenden Punkt die Tür.

c) Überhandnehmen subjektiver Wertungen, die mit der Allgemeinheit nicht mehr in Übereinstimmung stehen. Solche Menschen, die ein Wertsystem aufbauen, welches sich von dem in einer bestimmten Gemeinschaft gültigen wesentlich unterscheidet, geraten automatisch in die Position von Außenseitern, die als minderwertig klassifiziert werden; dies ist eine besondere Form der Isolierung, die leicht in den Selbstmord mündet (siehe auch später). Stefan Zweig beging, fern von Europa, Selbstmord zu einem Zeitpunkt, als die Niederlage des nationalsozialistischen Regimes, welches ihn aus der Heimat vertrieben hatte, sich bereits abzeichnete. Dennoch verzweifelte er, weil er der Überzeugung war, daß die Welt, die er wertmäßig geliebt hatte, für alle Zeiten zerstört bleiben werde, er also aus der wertmäßigen Isolierung nicht mehr herausfinden könnte (wie der Titel seines letzten Buches »Die Welt von *Gestern*« beweist).

Gehemmte und gegen die eigene Person gerichtete Aggression

Man muß sich dessen bewußt sein, daß jeder Selbstmord eine enorm aggressive Haltung darstellt: Wenn sich auch die Aggression des Selbstmörders gegen die eigene Person richtet, so sind im Grunde doch andere Menschen, vielleicht auch ihre Gesamtheit, also die Gesellschaft, die »eigentlich gemeinten« Ziele, wie Freud als erster zeigen konnte. Wenn Adler den Selbstmord als eine klassische Racheaktion definiert hat, wobei man zwar sich selbst trifft, damit aber zugleich andere für alle Zeiten vorwurfsvoll belastet, so meinte er im Grunde damit dasselbe, bediente sich nur anderer Ausdrücke. Jamieson prägte den Satz: »Niemand bringt sich um, der nicht vorher den Wunsch hat, zu töten oder zumindest den, daß eine andere Person sterbe.« Vor einigen Jahren ereignete sich in den Vereinigten Staaten ein tragischer Modellfall für diese Wendung der Aggression nach innen: da waren Eltern, offenbar ausgesprochen sadistisch, die fanden es für angezeigt, ihre 17jährige Tochter für ein relativ geringes Vergehen damit zu bestrafen, daß sie ihr eine Pistole in die Hand drückten und ihr befahlen, ihren Lieblingshund zu erschießen. Ohne zu überlegen richtete das Mädchen die Waffe gegen sich selbst und beging auf diese Weise Selbstmord. Ein chronischer Aggressionsdruck (der offenbar aus einer seit langem gestörten Eltern-Kind-Beziehung resultiert) erreichte durch einen unmenschlichen Befehl seinen unerträglichen Höhepunkt: Das Gewissen verhinderte die Explosion gegen die Eltern, die sie zweifelsfrei am liebsten getötet hätte – so kam es zur Aggressionsumkehr gegen die eigene Person. Jedenfalls wird Selbstmordforschung für alle Zeiten mit Aggressionsforschung in engstem Zusammenhang bleiben. Die Wendung der Aggression gegen die eigene Person ist freilich an zwei Bedingungen geknüpft.

1) Es müssen in einem Menschen ungewöhnlich starke Aggressionspotentiale entstehen, was auf die verschiedensten Ursachen zurückgehen kann (auf die wir später noch eingehen werden),

2) die Abreaktion dieser Aggressionen nach außen muß behindert sein. Eine solche Behinderung kann sowohl zustandekommen durch Hemmungen, die in der Person gelegen sind, als auch durch Außenumstände (z. B. zunehmende Zivilisation), die eine Aggressionsentladung immer schwieriger machen. An dieser Stelle muß daran erinnert werden, daß im Kriege die Selbstmordzahlen von Männern regelmäßig sinken. Es wird nicht schwerfallen, die Erklärung dafür darin zu finden, daß in solchen »Ausnahmezeiten« die normalen Gewissensforderungen außer Kraft gesetzt werden und nun durch das Zauberwort »Krieg« alles, was sonst verboten ist, vor allem auch das Töten, erlaubt erscheint, verlangt und sogar (durch öffentliche Auszeichnungen) belohnt wird; daß dies zu einer Abnahme der Selbstaggression führen muß, ist klar, ebenso klar aber wohl auch, daß wir gerade in der Selbstmordverhütung nach anderen, weniger verhängnisvollen und destruktiven Abreaktionen der Aggression suchen müssen (siehe im zweiten Teil).

Selbstmordfantasien

Wer hätte nicht schon einmal in seinem Leben mit der Möglichkeit, Selbstmord begehen zu können, gedanklich gespielt? Bürger-Prinz meint, daß wir alle tot wären, wenn wir an unserem Körper eine Vorrichtung besäßen, die wir, ähnlich einem Lichtschalter, auf »Aus« stellen könnten. Dennoch führen solche gelegentliche Ideen nicht zum Selbstmord, sind an sich noch nicht als krankhaft zu bewerten. Grundsätzlich andersartig ist jene intensive gedankliche Beschäftigung mit dem Selbstmord, welche den präsuizidalen Status kennzeichnet. Die Rolle der Fantasie an und für sich, als einer weltbewegenden Kraft, kann nicht hoch genug eingeschätzt werden, handelt es sich doch bei ihr um ein »neuformendes Denken«, es gibt kaum ein menschliches Ziel, das nicht in der Fantasie vorweggenommen worden wäre.

In diesem Zusammenhang darf auf die präsuizidale Einengung des Denkvorganges in die Richtung negativer, düsterer, pessimistischer Gedanken verwiesen werden, die im Rahmen der bereits früher erwähnten dynamischen Einengung auftritt; solche Gedanken werden bald auch von entsprechenden Selbstmordfantasien begleitet. Dabei muß man unterscheiden zwischen anfänglichen aktiven, d. h. willentlich intendierten Vorstellungen und späteren passiven, die sich ohne Absicht, ja gegen den Willen, oft in Form von Zwangsgedanken aufdrängen und immer beherrschender werden: vom Standpunkt der Selbstmordgefahr sind die letzteren besonders alarmierend. In diesem Sinne gibt es Verläufe, wo die präsuizidalen Fantasien scheinbar harmlos anfangen, etwa mit der Vorstellung, daß man »es ja tun könne«, wenn einem dieses und jenes mißlänge. So meint Nietzsche, daß der Gedanke, Selbstmord begehen zu können, einem über manche schwere Nacht hinweghelfen kann, und Hesse läßt im »Steppenwolf« seinen Helden Kraft zur Überstehung kritischer Jahre dadurch gewinnen, daß sich dieser immer wieder vorstellt, er habe ja die Möglichkeit, sich an seinem 50. Geburtstag umzubringen. Was aber im Anfang fast wie ein Entlastungsmechanismus aussieht, kann später eine schwere Bedrohung des Lebens werden, dann nämlich, wenn sich solche Fantasien gleichsam selbständig machen: dieser Vorgang ist fatal dem im »Zauberlehrling« geschilderten vergleichbar, wo man auch die Geister, die man rief, dann nicht mehr loswerden kann. Jede wunscherfüllende Fantasie, auch die Vorstellung, tot zu sein, ist eine Flucht aus der Wirklichkeit. Je mehr man sich etwas vorstellt, was zur Realität konträr ist, desto schwerer fällt dann die Rückkehr in die bittere Wirklichkeit und desto mehr bleibt man dementsprechend von der Fantasie abhängig. Diese Abhängigkeit provoziert nicht zuletzt den Umschlag von aktiven zu passiven Selbstmordfantasien.

Was den Inhalt der Selbstmordfantasien betrifft, kann man zumindest 3 Stufen differenzieren, welche die Verstärkung der Gefahr von einem initialen Ansatz bis zur höchsten Alarmstufe symbolisieren.

1) Die Vorstellung tot zu sein: Hier wird noch nicht der Selbstmord fantasiert, sondern nur sein Resultat, das Totsein; das wirklich Unangenehme, das Sterben, wird in solchen Fantasien übersprungen; auch als Toter bleibt man in ihnen insofern am Leben, als man den »Lustgewinn« des Selbstmordes (wie sich alle kränken und bedauern werden, so schlecht zu dem Betreffenden gewesen zu sein) auskosten kann; der Tod kann dabei jederzeit wieder zurückgenommen werden (ähnlich wie in den Fantasien der Kinder).

2) Die Vorstellung, Hand an sich zu legen, ohne daß es noch zu konkreten Plänen über die Durchführung des Selbstmordes kommt.

3) In dieser Phase der höchsten Gefahr ist die Fantasie bereits auf eine bestimmte Methode der Durchführung des Selbstmordes, oft bis in die kleinste Einzelheit, fixiert. Aus zahlreichen Beispielen ist bekannt, wie sehr solche Detailfantasien die Durchführung des Selbstmordes fördern.

Im vorigen Jahrhundert hinterließ ein Suizidant an Stelle eines Abschiedsbriefes ein Gedicht, unmittelbar vor seinem Selbstmord verfaßt, gleichsam als Abschiedsbrief – es wurde von Pelmann erstmals veröffentlicht. Der Leser wird in diesen Zeilen mühelos das präsuizidale Syndrom in seiner klassischsten Form vorweggenommen finden:

Immer enger wird mein Denken,
immer blinder wird mein Blick.
Mehr und mehr erfüllt sich täglich
mein entsetzliches Geschick.

Kraftlos schlepp ich mich durchs Leben,
aller Lebenslust beraubt,
habe keinen, der die Größe
meines Elends kennt und glaubt.

Doch mein Tod wird euch beweisen,
daß ich jahre-, jahrelang

an des Grabes Rand gewandelt,
bis es jählings mich verschlang.

Zum Abschluß der Besprechung des präsuizidalen Syndroms muß noch auf das verhängnisvolle Zusammenspiel seiner drei Bausteine hingewiesen werden, wodurch es in der Art eines Teufelskreises zu seiner ständigen Verstärkung kommen kann. So wird, um nur einige Beispiele zu erwähnen, die Isolierung sowohl die Möglichkeiten der Aggressionsentladung vermindern als auch die Angst erhöhen; die Einengung der Gedanken- und Gefühlswelt in die depressive Richtung Selbstmordfantasien fördern; das Überhandnehmen von Selbstmordvorstellungen wieder Angstaffekte freisetzen und eine bestehende dynamische Einengung besonders leicht das Gefühl vermitteln können, es sei auch eine situative Einengung (= eingebildete Ausweglosigkeit) gegeben.
Mit Nachdruck sei betont, daß in der Mehrzahl aller Fälle sich das präsuizidale Syndrom *allmählich* entwickelt, somit viele Möglichkeiten bestehen, jenes Stadium, in dem es zwingenden Charakter gewinnt, zu verhindern (siehe den zweiten Teil).

III. Krankheitsbilder mit Selbstmordtendenz

Das präsuizidale Syndrom spiegelt an sich einen krankhaften Zustand wider, ist aber nicht mit einer bestimmten psychischen Erkrankung identisch. Es stellt vielmehr gleichsam den gemeinsamen Nenner verschiedener seelischer Erkrankungen oder Störungen, welche zum Selbstmord führen können, dar. Um Selbstmordgefahr erkennen und dabei helfen zu können, ist es gut, eine Vorstellung von diesen Krankheitsbildern und den Möglichkeiten der Heilung zu haben.

Die folgende Tabelle führt nun diese psychischen Erkrankungen und ihre prozentuale Verteilung bei Selbstmord und Selbstmordversuch an:

Psychiatrische Diagnose bei Selbstmord und Selbstmordversuchen

(An der Gesamtzahl der Selbstmorde und Selbstmordversuche haben die genannten Krankheiten folgenden prozentualen Anteil)

	Selbstmord	Selbstmordversuch
Melancholie (= endogene Depression)	28%	15%
Schizophrener Formenkreis	4%	4%
organische Demenz (= geistiger Abbau)	2%	3%
Neurose	26%	30%
Neurotische Reaktion	2%	30%
mißglückte Altersadaptation	26%	5%
Psychopathie	12%	11%
Schwachsinn	–	2%

Die Tabelle zeigt fürs erste, daß es praktisch in allen Fällen möglich ist, zu einer psychiatrischen Diagnose zu kommen, ferner, daß gewisse diagnostische Unterschiede zwischen Selbstmord und Selbstmordversuch bestehen, nämlich vor allem die folgenden drei:

1) Der Anteil der endogenen Depression ist beim Selbstmord größer als beim Selbstmordversuch.

2) Die mißglückte Altersadaption hat eine besondere Beziehung zum Selbstmord, jedoch kaum zum Selbstmordversuch.

3) Bei der neurotischen Reaktion kommt es besonders oft zum Selbstmordversuch, der Selbstmord ist hingegen bei dieser Störung eher selten.

Auf die Bedeutung dieser Unterschiede wird noch eingegangen werden. Wenn es sich auch hier natürlich nicht um ein psychiatrisches Lehrbuch handelt – gewisse Grundkenntnisse auf diesem wichtigen Gebiete sollten auch dem Laien zur Verfügung stehen.

Endogene Depression

Diese auch als Melancholie bezeichnete Gemütskrankheit verläuft typischerweise in Phasen; das bedeutet, daß sie aus völligem Wohlbefinden sich nach und nach oder plötzlich entwickelt, dann einen Höhepunkt erreicht und nach einer gewissen Zeit – es kann sich um Wochen, meistens aber um Monate, unter Umständen sogar um 1–2 Jahre handeln – wieder abklingt. Nach Beendigung der Phase erscheint der Mensch psychisch wieder völlig hergestellt, das Auftreten neuer Attacken ist allerdings möglich.
Die endogene Depression unterscheidet sich in ihren Symptomen ganz wesentlich von jeder anderen Depressionsform, vor allem von der exogenen (= Trauer nach einem Schicksalsschlag), aber auch von der neurotischen Depression (siehe später). Für den Laien besteht die große Gefahr darin, daß ihm der Unterschied zwischen endogener Depression und anderen Depressionsformen nicht bewußt wird. Wir alle sind schon depressiv gewesen und haben mit Willensanstrengung und intensiven persönlichen Bemühungen aus diesem Zustand herausgefunden. Es liegt daher die Gefahr nahe, daß wir diese unsere Erfahrungen auch auf einen Mitmenschen zu übertragen versuchen, der an einer endogenen Depression erkrankt ist. Dann kann

man Worte hören wie die folgenden: »Das habe ich alles selbst schon erlebt, das ist nicht so schlimm, Du mußt Dich nur zusammennehmen, mit gutem Willen läßt sich das alles meistern.« Ein solcher Ratschlag, wie gut immer er auch gemeint sein möge, geht an der Tatsache vorbei, daß es sich bei der endogenen Depression um eine schwere, offenbar durch bestimmte Stoffwechselstörungen (die in manchen Fällen erblich sind) hervorgerufene Krankheit handelt, die sich der Beeinflussung durch den Willen völlig entzieht. Darum ist es vielleicht auch für den Laien doppelt wichtig, die Grundsymptome der Melancholie zu kennen, wiewohl zweifelsfrei die Diagnose dieser Erkrankung dem Arzt überlassen werden muß: Primäre innere Trauer, oft ohne Grund (es können aber auch Gründe angeführt werden, weil der Mensch ja stets die Tendenz hat, eine Verursachung – und sei es auch die falsche – zu entdecken und das Leben leider immer Gründe parat hält, mit denen man seine Trauer scheinbar erklären kann); Verlust des Interesses an der Umgebung; Hemmung und Verlangsamung, so daß man sich zu jeder Leistung wie gegen einen starken Widerstand zwingen muß (»die Dinge gehen mir nicht mehr so von der Hand wie früher, es macht mir nichts mehr richtig Freude«); unerklärliche Angst; ständiges Grübeln, wobei man vom finsteren »schwarzen« pessimistischen Gedanken nicht loskommt und überhaupt die ganze Zukunft in düsterem Licht sieht (so können z. B. auch reiche Menschen überzeugt davon sein, in allernächster Zeit ganz zu verarmen und verhungern zu müssen); Selbstvorwürfe, wonach man fast alles im Leben falsch gemacht hat, ein schlechter Mensch ist, der keine Liebe verdient; hypochondrische Ideen (man glaubt sich z. B. unheilbar krank, etwa krebsleidend); schließlich quälende körperliche Beschwerden (Schlafstörung, wobei das Einschlafen nicht behindert erscheint, es aber zu einem frühzeitigen Erwachen kommt – Appetitlosigkeit, Verstopfung, Gewichtsverlust, Trokkenheit im Mund, bei Frauen Ausbleiben der Menstruation). Charakteristisch ist ferner für die endogene Depression gewöhnlich, daß sie in den frühen Morgenstunden ihren Höhepunkt erreicht (zu dieser Zeit erfolgen auch die meisten Selbstmordhandlungen), während in den Nachmit-

tags- und Abendstunden eine deutliche Erleichterung eintritt, oft in einem solchen Ausmaß, daß man um diese Zeit gar nicht das Gefühl hat, es mit einem kranken Menschen zu tun zu haben. Auf dem Höhepunkt der Krankheit stellen die Patienten für ihre Umgebung eine große Belastung dar; bleibt dann auch der Appell an den Willen des Kranken erfolglos (was, wie bereits betont, der Fall sein *muß*) führt dies gewöhnlich zu einer verstärkten Erbitterung der Angehörigen, wodurch sich die Situation des Melancholikers noch zusätzlich verschärft.
Die endogene Depression nun ist es, auf deren Konto so viele Selbstmordhandlungen gehen; dieser Zusammenhang ist verständlich, wenn man bedenkt, daß eigentlich jedes der aufgezählten Symptome zum Selbstmord drängt; mit Recht hat Frankl die Melancholie als einen »jüngsten Tag in Permanenz« bezeichnet; man könnte hinzufügen, daß sie gleichsam ein einziges ausgeprägtes präsuizidales Syndrom ist. Daher muß es ein Grundsatz der Selbstmordprophylaxe sein, bei jeder endogenen Depression eine hohe Selbstmordgefahr anzunehmen.
Viele Melancholiker zeigen, da sie ja nur gemütsmäßig, nicht aber geistig krank sind, die Tendenz, ihre Krankheit zu verbergen –, sie ist nur eine der Ursachen dafür, daß man eine so schwerwiegende Erkrankung dennoch übersehen kann. Sie kann außerdem auch in »Maskierungen« auftreten. So muß man bei allen hypochondrischen Symptomen, bei »Klimakterischen Beschwerden« bei einem phasenhaften Trinken (mit Abstinenzperioden in der Zwischenzeit) immerhin an die Möglichkeit einer endogenen Depression denken. Nochmals sei abschließend daran erinnert, daß die Selbstmordtendenz im Rahmen der endogenen Depression besonders intensiv in Erscheinung tritt, und zwar als Neigung zu einer Durchführungsart des Selbstmordes, die dem Überleben nur geringe Chancen gibt. So erklärt sich auch der bereits erwähnte viel höhere Anteil dieser Krankheit am Selbstmord als am Selbstmordversuch.
Mit der Besprechung der endogenen Depression verlassen wir den Bereich der Geistes- und Gemütskrankheiten (Psychosen) und kommen zu den »seelischen Störungen«. Daß

der Satz: Die Selbstmörder sind normal, man soll sie daher vor dem Psychiater bewahren (und sie »ruhig« sterben lassen), falsch ist, wurde schon gezeigt; ebenso irrig wäre die Behauptung, daß die Suizidanten »allesamt geisteskrank« sind: nur etwa 1/3 aller Selbstmörder (beim Selbstmordversuch ist der Anteil noch geringer) gehören zu den Psychosen (wobei neben der endogenen Depression auch die Schizophrenie eine wichtige Rolle spielt).

Neurose

Diese Krankheitsbezeichnung ist zwar heute in aller Munde, bleibt aber leider doch noch immer mit falschen Vorstellungen verknüpft. Die Neurose ist eine ernste Erkrankung mit vielfachen Folgen für den Betroffenen selbst und seine Umgebung; sie verrät sich durch typische Kennzeichen und Symptome, und man kann daher nur dort von einer Neurose sprechen, wo dieselben mit Sicherheit nachgewiesen sind. Aus dem klar definierten Krankheitsbegriff Neurose ergeben sich mehrere Konsequenzen: Es ist zuerst einmal unzulässig, jede seelische Spannung (»Nervosität«), das Vorliegen von Problemen und Konflikten, wie es in jeder Existenz unvermeidbar bleibt, als Beweis einer bestehenden Neurose anzusehen. Wir müssen ferner endlich damit aufhören, Menschen, die uns unsympathisch sind und die wir deshalb herabsetzen wollen, als Neurotiker »abzuqualifizieren«. Und andererseits: Wenn jemand wirklich an einer Neurose leidet, geht es nicht an, diese Krankheit so zu bagatellisieren, als wäre sie gar keine oder aber dem Kranken aus der Tatsache, daß er einer Therapie bedürftig ist – in diesem Falle der Psychotherapie – einen Vorwurf zu machen. Sehen wir endlich den Neurotiker realistisch als einen Menschen, der seine Konflikte, *da sie ihm unbewußt sind*, allein nicht lösen kann, der durch seine Symptome laut um Hilfe ruft, der diese Hilfe, wie jeder andere Kranke, beim zuständigen Spezialisten, in diesem Falle beim Seelenarzt, erhalten kann und unterstützen wir dessen therapeutische Bemühung durch Förderung eines möglichst günstigen verständnisvollen psychischen Klimas, im kleinen wie im großen Rahmen.

Wollte man versuchen, in einer knappen Definition das Wesen der Neurose anzudeuten, so dürfte man sagen: es handelt sich um einen innerseelischen Konflikt zwischen bewußten und unbewußten Tendenzen. Wir alle haben die Intention, Unangenehmes und Verbotenes aus unserem Bewußtsein in das Unbewußte wegzuschieben, gemäß dem Satz von Nietzsche: »Das habe ich getan, sagt mein Gewissen, das kann ich nicht getan haben, sagt mein Stolz, und mein Stolz siegt. »Es war Freud, der als erster die Bedeutung dieses Vorganges, den er als Verdrängung bezeichnete, für die Entstehung krankhafter Seelenzustände erkannt hat und der zeigen konnte, daß die verdrängten Tendenzen im Unbewußten ein Eigenleben weiterführen, welches in der Form von neurotischen Symptomen das Verhalten des betreffenden Menschen wesentlich beeinflußt. Von der Verdrängung betroffen sind also Triebwünsche (Es-Tendenzen in der Terminologie Freuds), die mit dem Gewissen (»Über-Ich«) nicht zu vereinbaren sind. Die entscheidenden Verdrängungen finden in der Kindheit, in jenen ersten sechs Lebensjahren statt, die auch heute noch so oft sträflich unterbewertet werden. Hier gilt es, an den Satz von Janusz Korczak zu erinnern: »Das Kind wird nicht erst ein Mensch, es ist schon einer.« Wenn im Kind Aggressionen gegen die Eltern erzeugt werden, die es zu lieben verpflichtet, ja auf Grund seiner existentiellen Hilflosigkeit gezwungen ist, so bleibt dem Kind, um lebensfähig zu sein, keine andere Wahl, als diese aufkommenden Aggressionen nicht in das Bewußtsein zu lassen, sie also im Unbewußten (= Ungewußten) zu halten. Damit entsteht der erste entscheidende Zwiespalt in der kindlichen Seele, einer bewußten Zuneigung steht unbewußte Ablehnung gegenüber, ein Phänomen, das wir als Ambivalenz bezeichnen.
Die entscheidende Frage bleibt natürlich, wodurch werden solche Aggressionen im Kinde erzeugt? Es wäre ein großer Irrtum anzunehmen, daß sie durch Gebote und Verbote, welche die Eltern aussprechen, zustandekommen. Wir alle haben uns vom Lust- zum Realitätsprinzip entwickelt. Wenn in diesem Verzichtenlernen die Ursache der Neurose läge, müßten alle Menschen eine Neurose haben. Nicht die Tatsache, daß Verbote ausgesprochen werden, provoziert

kindliche Aggressionen, sie werden vielmehr durch mangelhafte (oft ambivalente) Zuneigung, intrafamiliäre Spannungen, durch fehlende echte Liebesbeweise, aber auch durch zu intensive, besitzergreifende »Liebe« heraufbeschworen. Allen diesen Fehlhaltungen gegenüber ist das Kind unendlich feinfühlend, es entdeckt sie rasch, ist viel schwerer täuschbar als etwa wir eitlen Erwachsenen. Aus dem Gesagten ergibt sich auch, daß die Neurose nicht durch eine einmalige seelische »Verletzung« heraufbeschworen wird, sondern immer nur durch eine langandauernde schädigende Situation.

Aus dem neurotischen Urphänomen Ambivalenz entwikkeln sich die übrigen Charakteristika der Neurose. Die ins Unbewußte verdrängten Triebwünsche (Aggressionen) führen zu einem starken unbewußten Schuldgefühl. Dieses wieder drängt, ebenso unbewußt, nach Selbstbestrafung; so wird der Neurotiker zu seinem eigenen Feind und betreibt aus unbewußten Gründen Selbstschädigung, Selbstzerstörung und im schlimmsten Fall sogar Selbstvernichtung. Ferner ist die neurotische Struktur durch die permanente Existenz eines Angstgefühles charakterisiert: denn die ins Unbewußte verdrängten Empfindungen haben die Tendenz, wieder ins Bewußtsein eindringen zu wollen und bedrohen damit gleichsam die Intaktheit der Person, eine Tatsache, die mit massivem, fürs erste unerklärlichem Angstgefühl beantwortet wird. Schließlich kommt es bei jeder Neurose zur symbolhaften Darstellung des ursprünglich gegebenen Konfliktes durch bestimmte neurotische Symptome. Wenn man ihre Sprache verstehen lernt, erkennt man, daß sie einerseits die verdrängte Triebtendenz in versteckter Form ausdrücken, andererseits eine Selbstbestrafung eben für diese inszenieren.

Als wichtigste Neuroseformen seien dabei erwähnt: die Phobien (hier wird die Angst in die Furcht vor bestimmten Dingen z. B. vor geschlossenen Räumen, vor freien Plätzen, vor Bakterien, vor spitzen Gegenständen usw. verwandelt), die Zwangsneurose (mit Verarbeitung der Angst in zwanghaften Abläufen z. B. Waschzwang, Zählzwang usw.), die hysterischen Manifestationen (dabei kommt es vor allem zu einer theatralischen Darstellung des Konfliktes am eigenen Körper z. B. Herzschmerzen als Ausdruck eines gefühlsmäßigen Konfliktes), die Neurasthenie (eine Fülle von Beschwerden überschwemmen den Körper gleichsam »vom Kopf bis zu den Zehen«, ohne daß eine organische Erkrankung besteht, um das neurotische Unlustgefühl – »Ich fühle mich in meiner Haut nicht wohl« – zum Ausdruck zu bringen) und schließlich die psychosomatischen Erkrankungen (hier kommt es zu tatsächlichen körperlichen Veränderungen, die neurotischen Gefühle schädigen über das vegetative Nervensystem den Körper: z. B. Magengeschwür). Welche Form der Neurose entsteht, ist nicht zuletzt davon abhängig, zu welchem Zeitpunkt in der Kindheit die Neurotisierung erfolgt. Dem Genius von Freud verdanken wir nicht nur die Entdeckung jener Mechanismen, die zur Neurose führen, sondern auch eine Differenzierung der Kindheitsentwicklung in drei Phasen, die er als orale, anale und ödipale Phase bezeichnet hat. In der ersten, in der die Mutter die entscheidende Rolle spielt, wird das Ernährtwerden zum Symbol der entscheidenden Liebeszuwendung; in der zweiten steht das Reinwerden, das Toilettentraining im Mittelpunkt der emotionalen Aufmerksamkeit; in der ödipalen Phase schließlich muß das Kind mit der Tatsache fertig werden, daß es sich ursprünglich zum entgegengesetztgeschlechtlichen Elternteil besonders hingezogen fühlt, der mächtigen Konkurrenz des gleichgeschlechtlichen Elternteils aber nicht gewachsen ist. Im günstigen Fall wird dieser Konflikt durch Identifizierung mit dem gleichgeschlechtlichen Elternteil gelöst; damit wird einerseits eine Fixierung an den entgegengesetztgeschlechtlichen Elternteil vermieden, andererseits kommt es zur psychologischen Akzeptierung der durch die Geburt bestimmten eigenen Geschlechtsrolle. Je älter das Kind wird, desto mehr kann neben der Mutter auch vom Vater die Neurotisierung ausgehen. Die Art der neurotischen Symptome ist nun insofern vom Zeitpunkt der Neurotisierung abhängig, als in der oralen und analen Phase der Konflikt vor allem mit der Organsprache ausgedrückt werden wird (z. B. Brechen, Nahrungsverweigerung, verzögerte Entwöhnung vom Schnuller, hastiges unersättliches Essen, Daumenlutschen, Nägelbeißen, verzögertes Reinwer-

den, Einnässen, Einkoten, abnormes Zurückhalten, sexuelle Unarten), während in der ödipalen Phase die Zeit der Organsprache vorbei ist und die Konflikte nun im Verhalten, unter besonderer Benützung der Sprache und der Gestaltung der zwischenmenschlichen Beziehungen, direkt oder indirekt (symbolhaft) dargestellt werden.
Noch einmal sei daran erinnert, daß eine Beeinflussung der neurotischen Symptomatik durch den Willen unmöglich ist. Die Aufforderung, neurotisches Elend durch vermehrte Willensanstrengung zu überwinden, kann nur die unbewußten Gegenkräfte mobilisieren und auf diese Weise zu einer Verstärkung des qualvollen innerpsychischen Zustandes führen. Die Voraussetzung für eine Heilung des Neurotikers ist die Wiederbewußtmachung der verdrängten Tendenzen: Freud hat uns eine Technik gelehrt, wie man verdrängtes Material wieder aufdecken und sinnvoll verarbeiten kann. In seiner Deutung ist Freud bis zu einem gewissen Grad insofern einseitig geblieben, als er im Unbewußten vorwiegend sexuelle verdrängte Inhalte entdeckte (zweifellos dominierten diese in jener Periode zur Schau gestellter Prüderie). Es blieb der weiteren Entwicklung der Tiefenpsychologie, die durch die Loslösung Alfred Adlers von Freund und die Begründung einer eigenen Schule durch ihn (Individualpsychologie) markiert ist, vorbehalten, auch alle anderen zahlreichen Konflikte, die ins Unbewußte verdrängt werden können, zu berücksichtigen.

Im Zusammenhang mit der Selbstmordproblematik muß man aber immer wieder sagen, daß es eine spezielle neurotische Entwicklung gibt, die spezifisch zum Selbstmord tendiert und, wenn sie nicht rechtzeitig unterbrochen wird, in diesen mündet, *also eine Neurose zum Selbstmord hin.* Die Kriterien dieser Neurose sind:

1) Schwere Neurotisierung in der Kindheit. Die familiäre Situation bietet in diesen Fällen nicht jene Voraussetzungen, unter denen sich normalerweise das Individuum zu einer dynamischen lebensbejahenden Persönlichkeit entwickelt. Es ist dabei nicht möglich, eine bestimmte Situation als charakteristisch für die Neurose zum Selbstmord

hin verantwortlich zu machen; es gibt eine Vielzahl von Möglichkeiten, gemeinsam ist ihnen vielleicht das Ausmaß der seelischen Verwundung und die lang anhaltende Einwirkung auf das Kind und den Jugendlichen. Typisch ist auch die Tatsache, daß die ersten Symptome der kindlichen Neurotisierung in diesen Fällen einheitlich in die Richtung eines gehemmten und entmutigten Kindes, mit unsicher-ängstlichem, oft auch schüchternem, kontaktgestörtem Verhalten weisen. Hier wird also gleichsam die Grundlage gelegt für die zukünftige Lebensverneinung und es gibt keinen besseren Ausdruck für dieses erste Vorstadium einer späteren präsuizidalen Entwicklung als jenen, den Zwingmann geprägt hat, wenn er von der Gefahr des »Erstickens der Lebensfreudigkeit« spricht. Henseler hat in seinen Untersuchungen den Zusammenhang zwischen hochgradig gestörtem Selbstwertgefühl seit der frühen Kindheit und späterer Selbstmordtendenz nachgewiesen.
Nach den Erkenntnissen der Tiefenpsychologie ist dabei Ich-Unsicherheit immer mit verstärkter Egozentrik gekoppelt – die Selbstbestätigung wird aus Geltungsbedürfnis hier zur absoluten Notwendigkeit, zur Voraussetzung für die Verbesserung des Selbstwertgefühls; damit aber erscheint jede zwischenmenschliche Beziehung ihrer Natürlichkeit beraubt, da ja der andere nicht als Subjekt, sondern als Objekt behandelt wird: als Mittel zum Zweck der Selbstbestätigung – daraus droht sich konsequenterweise das Scheitern zwischenmenschlicher Beziehungen zu entwickeln und in weiterer Folge die so gefährliche Isolierung.

2) Die beschriebene Entwicklung wird auch nach der Kindheit konsequent fortgeführt.
Wir haben früher auf die wichtigsten neurotischen Symptome hingewiesen: die Neurose zum Selbstmord hin kennzeichnet sich nun dadurch, daß diese Symptome, also hysterische, phobische, zwanghafte, neurasthenische oder psychosomatische Mechanismen bzw. Symptome *weitgehend fehlen.*

3) An ihrer Stelle dominiert eine ausgesprochen *neurotische Lebensgestaltung*, die auf folgenden drei neurotischen Faktoren beruht:

a) Auf einer grundsätzlich entmutigten neurotischen Lebenseinstellung (darüber muß nach den früheren Ausführungen nichts mehr gesagt werden).
b) Auf bestimmten, immer wieder zur Anwendung gebrachten Verhaltensmustern: Beim Neurotiker spielen sich seit der Kindheit bestimmte charakteristische Verhaltensweisen ein, die, da sie unbewußt verursacht sind, »fixiert« und automatisch immer wieder von neuem wiederholt werden.
c) Auf neurotischen Gefühlsübertragungen: Der Neurotiker hat die Tendenz, die Gefühle, die er gegenüber Vater und Mutter entwickelt hat, später auf andere Personen zu übertragen, die damit sozusagen zu neuen Vätern und Müttern werden – diese Beziehungen nehmen dann natürlich einen dementsprechend gestörten Verlauf.
Alle drei zusammen führen zu einer Aneinanderreihung ähnlicher, wenn nicht sogar gleichartiger Erlebnisse und daraus resultierender Situationen negativer Art. Hier kann man dann von einer neurotischen Lebensverunstaltung oder von einer Neurose der Lebensverunstaltung sprechen.
Nun haben wir schon darauf hingewiesen, daß jede Neurose die Tendenz zur Selbstschädigung in sich trägt; die Neurose zum Selbstmord hin ist aber zweifellos diejenige mit der massivsten Neigung zur Lebensverunstaltung. Alles geht schief, alles mißlingt, die Lebenssituation verschlechtert sich dauernd; dies führt zuerst verständlicherweise in eine neurotische Depression und bei weiterem Anhalten, d. h. bei Nichtlösung der zugrundeliegenden Konflikte, in den Selbstmord. Ihre weitere Entwicklung verläuft in drei Stadien:

1) *Verkümmerung und Verlust der expansiven Kräfte.* Der Verlust des Urvertrauens führt zur unsicheren Entmutigung. Aus dieser Haltung heraus werden viele Dinge gar nicht erst angestrebt, sondern gleichsam links liegen gelassen, man weicht ihnen ängstlich aus, und damit wird eine Fülle von Möglichkeiten von vornherein ausgeschaltet. Solche Menschen lernen z. B. oft weder Schwimmen noch Tanzen: beides ist fast immer ein Zeichen der Entmuti-

gung, das Beachtung finden sollte, auch wenn es natürlich für sich allein keineswegs schon als Vorstadium einer Entwicklung zum Selbstmord hin aufgefaßt werden darf. Das traurige Ergebnis ist schließlich, daß viele Lebensgebiete für den Betreffenden gar nicht mehr existieren – hier mündet diese Entwicklung in die unweigerlich aus ihr resultierende Einengung des Lebensraumes und der Wertwelt (siehe früher beim präsuizidalen Syndrom).

2) *Stagnation.* Die Fixierung an starre, gleichbleibende Verhaltensmuster läßt den Menschen gleichsam im Kreise gehen, ihn immer wieder an dieselbe Stelle zurückkehren: die Wandlungs- und damit Entwicklungsfähigkeit fehlt. Dem Betreffenden wird der unendlich qualvolle Eindruck vermittelt, daß er ein Stiefkind des Lebens und des Glückes sei, daß er nichts wirklich Neues mehr erleben könne, weil ja immer wieder das Gleiche, und zwar Negative geschieht. In unseren schlimmsten Angstträumen kommen wir nicht von der Stelle, gehen im Kreise, kehren immer wieder zum selben Punkt zurück. Die Erlebniswiederholung führt leicht zum Gefühl der Ausweglosigkeit und damit in die Nähe des Suizids. Dabei sind die Opfer dieses Geschehens nicht imstande, »aus Schaden klug zu werden« (dazu müßten sie ja die unbewußten Ursachen ihres Verhaltens kennen), sie können aus eigenem nicht jene Veränderung ihrer Verhaltensmuster vornehmen, die es ihnen ermöglichen würde, in der Zukunft erfolgreicher zu sein. (Einer unserer Patienten sagte: »Weil ich mich nicht ändern konnte, wollte ich mich enden.«) Es erfüllt sich somit an ihnen das Dichterwort: »Diejenigen, die ihre Vergangenheit nicht verstehen, sind dazu verdammt, sie immer wieder von neuem in der Zukunft zu erleben.« In dieser Situation einer weitgehenden Resignation bezüglich der eigenen Möglichkeiten stellt sich eine weitere Komponente der Entwicklung zum Selbstmord hin ein:

3) *Regression*, d. h. eine Rückkehr zur kindlichen Position und zu kindlichen Verhaltensweisen. Die Aktivität ist verlorengegangen, die Passivität dominiert. Dem Kind ähnlich, erwarten diese Menschen dann alles von den anderen; sie lieben nicht mehr, sondern wünschen, geliebt zu werden

(möchten sich »lieben lassen«), sie leisten keinen Beitrag zur Gestaltung des Lebens der Gemeinschaft, sondern wünschen, von anderen im und am Leben gehalten zu werden. Es entsteht eine verstärkte Abhängigkeit von der Umwelt, damit aber auch eine besondere Sensibilität und Verwundbarkeit, und schließlich resultiert daraus nur allzu leicht das Gefühl des Nichtverstanden-, ja sogar des Allein-gelassen-Seins, also Verbitterung und inneres Sich-Zurückziehen. Ein Patient beschrieb dies so: »Ich warte, daß man mir in Liebe entgegenkommt; wenn dies aber der Fall ist, möchte *ich* es sein, der die Wahl von sich aus aktiv trifft und weise deshalb jede Annäherung zurück. Andererseits werde ich selbst aber nicht aktiv, weil ich Angst vor Mißerfolg habe.« Erschütternder kann das Schwanken zwischen Sehnsucht und Unfähigkeit, die ersehnten Ziele zu realisieren, nicht dargestellt werden. Jeder wird verstehen, daß ein solches Verhalten in wachsende Isolierung und Verzweiflung münden muß.

Betrachtet man die beschriebene neurotische Entwicklung zum Selbstmord hin, so kann kein Zweifel darüber bestehen, daß sie sich durch äußerst charakteristische und eindrucksvolle Symptome ankündigt und verrät, die man durch lange Zeit in ihrer Entstehung und Verstärkung bemerken und beobachten kann. Vor allem muß immer wieder daran erinnert werden: anhaltender Mißerfolg ist ein Alarmsymptom – seine Entdeckung ist umso wichtiger, als es tragischerweise jenen Neurotikern, deren Neurose sich vorwiegend in den beschriebenen lebensverunstaltenden neurotischen Verhaltensweisen äußert, im Gegensatz zu den an anderen Neuroseformen Erkrankten (z. B. Hysterie, Phobie, Zwangsneurose) fast nie zum Bewußtsein kommt, *daß sie an einer Neurose leiden und ihnen durch eine entsprechende Therapie geholfen werden könnte.* Sie registrieren zwar die Katastrophe (»Glück ist für mich ein Fremdwort«, »ich bin ein totaler Versager«, »das Schicksal hat mich in den Abfallkorb des Lebens geworfen«, »mein Leben ist auf Sparflamme gestellt«), glauben aber keinen Moment daran, selbst an dieser Entwicklung schuld zu sein, weil ihnen ja ihr Arrangement, mit dem sie den »eigenen

Ohrfeigen nachlaufen« (Adler), unbewußt ist. Statt dessen suchen sie die Schuld in allen möglichen Außenfaktoren, gleichsam bei »Gott und der Welt«, die mit dieser Entwicklung natürlich in Wirklichkeit nichts zu tun haben, wo dementsprechend auch keine Hilfe bzw. Abänderung zu erhoffen ist.
Was man daher als erstes zu erreichen trachten muß, ist die Einsicht, daß in allen diesen Fällen der geheime Steuermann des Unglücks in der eigenen Person zu suchen und zu finden ist (wie dies z. B. aus dem folgenden Ausspruch eines Patienten hervorgeht: »Ich inszeniere alles vortrefflich, aber ich inszeniere es so, daß es nicht gelingen kann«). Das kann in doppelter Hinsicht die entscheidende Wendung bringen: Es mag das Gefühl schwinden, für alle Zukunft wehrlos einem blindwütigen Schicksal ausgesetzt zu sein, und die Bereitschaft zunehmen, durch eine Psychotherapie endlich Einblick in die eigenen Verhaltensweisen und damit die Voraussetzung für deren Änderung zu gewinnen. An den Schluß dieser Ausführungen sei das Gedicht eines Patienten gestellt, welches die Neurose zum Selbstmord hin in recht klassischer Weise ausdrückt:

Mein Tagwerk ist:
Mich zu begraben. Geduldig erlernen meine Hände
das Handwerk,
Stein um Stein auf meine Wünsche häufen,
bis die Seele erstickt ist.
Ich verwende Granit,
um mein Herz zu erdrücken,
und den feinen Sand,
um meine Adern zu stopfen.
So wächst von Stunde zu Stunde
der Hügel über mir,
bis alles nur mehr ein Denkmal ist
für ein Leben,
das nie stattgefunden hat.

Es bleibt eine tragische Tatsache, daß mehr als ein Drittel aller Menschen, die Selbstmord begehen, über 60 Jahre alt ist. Mit Nachdruck muß in diesem Zusammenhang darauf hingewiesen werden, daß für die hohe Beteiligung des Alters am Selbstmord nicht etwa der geistige Abbau verantwortlich ist, sondern vor allem das Nichtgelingen des Versuches, mit diesem schwierigen Zeitabschnitt und seiner mannigfachen Problematik fertig zu werden.
Mit Recht hat der große Tiefenpsychologe C. G. Jung gefordert, wir sollten die physiologische Lebenskurve auch psychologisch mitmachen, d. h. uns jederzeit psychisch den spezifischen körperlichen Gegebenheiten anpassen; wohl in keinem Lebensabschnitt fällt diese »Adaption« (Anpassung) aber schwerer als im Alter. Wer wollte leugnen, daß es hier in vielfacher Weise zu einer Reduktion der persönlichen Möglichkeiten kommt, deren wichtigste in den folgenden 3 Punkten zusammengefaßt seien:

1) Verringerung der körperlichen Möglichkeiten

Es kann kein Zweifel darüber bestehen, daß manche Funktionen nun in ihrer bis dahin gegebenen Selbstverständlichkeit nachlassen bzw. gefährdet sind. Der junge Mensch empfindet seinen Körper nur als natürliche Basis seines Daseins, er beschäftigt sich kaum mit ihm, weil ihn kein Schmerz an sein Vorhandensein erinnert. Dem Alternden aber wird der Körper immer wieder durch das Nachlassen der Funktionen, ihre Behinderung, ihr Bedrohtsein, gewöhnlich verbunden mit einer Fülle von Beschwerden, zum Bewußtsein gebracht, er wird dadurch in Auseinandersetzungen mit seiner körperlichen Existenz gleichsam hineingezwungen. Die Krankheit hat in diesem Zusammenhang für den alternden Menschen einen gänzlich anderen Stellenwert als für jüngere Jahrgänge. Zu nahe steht hier der Übergang in ein chronisches Leiden, das sich hinzieht und die Lebensmöglichkeiten weiter einengt. Auch das Nachlassen bestimmter geistiger Fähigkeiten, gerade das leichte Absinken der Merkfähigkeit und des Gedächtnisses (das nicht mit geistigem Abbau gleichgesetzt werden darf) wird häufig als Gefahr erlebt, Angst auslösend, es werde jetzt unaufhaltsam weiter bergab gehen.

2) Reduktion des Selbstwertgefühls

Auch heute noch, trotz aller sogenannten Fortschritte, ist die existentielle Situation des alten Menschen äußerst schwierig. Es muß in diesem Zusammenhang zuerst einmal daran erinnert werden, welchen unendlich großen Stellenwert die Arbeit in der Wertfolge unserer Gesellschaft einnimmt. Arbeit ist nicht nur das Mittel, Geld zur Erhaltung der eigenen Person und der Familie einzubringen, sondern das, was die Sinnhaftigkeit, den Wert und die Würde des Menschen bestimmt und ausmacht. Wir wissen aus zahlreichen Untersuchungen, aber auch aus der allgemeinen Erfahrung, was das plötzliche Aufgebenmüssen der Arbeit, die Pensionierung für viele Menschen, besonders für Intellektuelle, an Selbstwertverlust bedeutet. Man täusche sich auch nicht in jenen, die oft sehr hartnäckig, ihre frühzeitige Pensionierung anstreben: Selbst sie sind, wenn sie das ersehnte »Nichtstun« endlich erreicht haben, gar nicht so selten darüber sehr unglücklich, weil nunmehr eben doch inhaltlos.
Vielleicht wäre der Verlust der Arbeit vom alten Menschen leichter zu ertragen, wenn er das Gefühl hätte, auch späterhin noch voll anerkannt zu sein; statt dessen sieht er sich jedoch in der Regel einer schlimmen Situation gegenüber: Man kann sich des Eindrucks nicht erwehren, daß die alten Menschen von der Gesellschaft um so weniger geachtet werden, je mehr ihr Leben dank der verbesserten medizinischen Möglichkeiten erhalten und verlängert wird.

3) Reduktion der zwischenmenschlichen Beziehungen

Es ist eine schmerzvolle Tatsache, daß der Mensch im Älterwerden der Vereinsamung entgegengeht; immer mehr Menschen aus seiner Umgebung sterben, immer schwieriger wird es für ihn, infolge der nachlassenden Elastizität, neue Beziehungen anzuknüpfen, immer wesentlicher und schicksalhafter erscheinen dementsprechend

dann die noch bestehenden Verbindungen, so daß sich oft geradezu eine gefährliche Abhängigkeit von einer Person ergibt (siehe die früheren Ausführungen über das präsuizidale Syndrom).
Wir dürfen uns nicht wundern, wenn unter diesen Umständen, die den alten Menschen vor sehr schwierige Probleme stellen und bei ihrer Bewältigung vielfach alleinlassen, die Altersanpassung mißlingt und sich damit immer mehr die Befindlichkeit eines präsuizidalen Syndroms entwickelt. Die Angst vor der Zukunft und die Verdrossenheit über die Gegenwart führt zu einer einseitigen Vergangenheitsbezogenheit, welche den Kontakt mit der Wirklichkeit immer mehr behindert, eine zunehmende Einengung auf allen Gebieten herbeiführt, die Abreaktion der Aggression erschwert und die Fantasie in Richtung auf Flucht aus der Realität in den Tod steuert. Das Gefühl der Entfremdung gegenüber der Welt, das heute sehr viele alte Menschen beherrscht, macht für den Selbstmord anfällig. Nach dem Verlust des Lebenskameraden, der vertrauten Wohnung, vor Einweisungen in Kliniken oder Altersheimen kann diese Gefahr akut werden.
In jeder Selbstmordhandlung stehen einander selbstzerstörende und selbsterhaltende Kräfte gegenüber (wir kommen darauf später noch zurück), von ihrer quantitativen Verteilung wird nicht zuletzt der Ausgang der Aktion, ob es also zum Selbstmord oder zum Selbstmordversuch kommt, abhängig sein. Vielleicht sind die Selbstmordhandlungen des alten Menschen diejenigen, die in der Fantasie am längsten und intensivsten vorausgeplant sind, deren Durchführung dementsprechend einen hohen Grad an »Perfektion« erreicht und bei denen gleichzeitig die selbstzerstörende Kraft, die sich gegen das Leben wendet, besonders intensiv erscheint, während der Wunsch nach Lebenserhaltung fast ausgelöscht ist: Unter diesen Umständen dürfen wir uns nicht wundern, daß die überwiegende Mehrzahl aller Selbstmordhandlungen von alten Menschen (z. B. 4/5 bei 70jährigen) tödlich ausgeht. Auch hier zum Schluß zur Verdeutlichung der Problematik das Gedicht eines bedeutenden Lyrikers (Georg van der Vring), geschrieben knapp vor seinem Selbstmord:

Das Schweigen

Die letzten tauben Jahre,
die nimmt ihm niemand ab;
sie sind die sonderbare
Vernebelung vor dem Grab.

Wenn je die Wand sich lichtet,
sein Zauberland erscheint,
so ists von ihm erdichtet
und nicht für ihn gemeint.

Man sagt, er sei jetzt weise;
doch wer so spricht, der irrt.
Es schweigt in jedem Greise,
was ihm begegnen wird.

Wo alle ringsum sprechen,
sinnt er dem Einen nach;
Gott wird sie unterbrechen,
Wie er ihn unterbrach.

Alkohol- und Drogenmißbrauch

Bekanntlich ist die Sucht keine eigene Erkrankung, sondern bloß Symptom anderer zugrundeliegender Erkrankungen, vor allem der Neurose und der Psychopathie; sie tritt dementsprechend in unserer Tabelle nicht als eigene Spalte auf, sondern ist in den oben angeführten Krankheitsbegriffen mit enthalten.

Im Falle einer *neurotischen Sucht* werden alkoholische Getränke bzw. Drogen zur Lösung des neurotischen Konfliktes benützt. Einmal mehr muß hier auf das drängende und dringende Bedürfnis des Neurotikers hingewiesen werden, Trieb- und Gewissenswunsch gleichzeitig zu befriedigen, d. h. »zwei Fliegen mit einem Schlag zu treffen«. Alkohol und andere Suchtmittel eignen sich nun ausgezeichnet dafür, weil sie einerseits Triebtendenzen befriedigen (Angst, Hemmung, Unsicherheit, Spannung, Depression beseitigen, Aggression freisetzen), andererseits aber auch als Selbstbestrafungsmittel zur Befriedigung der unbewußten Schuldgefühle wirksam werden können (infolge der körperlichen und psychischen Veränderungen, die aus längerem Mißbrauch resultieren). Man könnte sich auch so ausdrücken: Der Neurotiker, der trinkt oder Drogen nimmt, bezahlt eine nur kurzdauernde Entlastung vom Druck seiner neurotischen Symptome mit einer chronischen Persönlichkeitsveränderung; da er aber gerade infolge seiner Neurose beides anstrebt, entsteht bei ihm, wenn sich einmal die Verbindung zwischen Persönlichkeitsstruktur und Alkohol (bzw. Drogen) ergeben hat, eine besonders intensive, nur sehr schwer zu beseitigende Koppelung zwischen beiden, die wir als Abhängigkeit oder Sucht bezeichnen müssen.

Ganz anders ist der Mechanismus, der den *asozialen Psychopathen* zur Sucht treibt. Es handelt sich gewöhnlich um Menschen, die in der Kindheit lieblos von Hand zu Hand gegangen sind, nie die kontinuierliche Zuwendung erfahren haben, in deren Schutz sie Einschränkung und Verzicht hätten lernen können. Sie leben ungehemmt, sozialen Gesetzen nicht verpflichtet, nur der eigenen Lustbefriedigung (»Recht ist, was mir nützt«): aus dieser Hemmungslosigkeit können sie auch zum Suchtmittel finden und dann abhängig bleiben.

Ob es sich nun um neurotische oder psychopathische Sucht handelt, in beiden Fällen liegt eine enorme Selbstzerstörung vor, gleichsam ein »Selbstmord auf Raten«; leider steht an ihrem Ende oft genug der tatsächliche Suizid. Beim neurotischen Trinker verstärken die Trinkexzesse als solche die bereits bestehenden Schuldgefühle, woraus ein verstärkter Selbstbestrafungswunsch erwächst, der wiederum zum Selbstmord drängt (der beschriebene Mechanismus ist besonders dort wirksam, wo im Rausch aggressive Akte gesetzt werden). Die durch die Trunksucht eingetretene Verschlechterung der äußeren Lebenssituation liefert zusätzlich das Motiv für die Tat, die oft (aber keineswegs immer) im sogenannten »Katzenjammer« erfolgt. Beim psychopathischen Trinker läßt der zunehmende Kontrollverlust die übermächtigen Aggressionspotentiale dieser Persönlichkeitsstruktur immer mehr in Erscheinung treten: sie können sich dann wahllos entweder gegen die

Umwelt oder gegen die eigene Person entladen. Während beim neurotischen Trinker, wie gezeigt, annähernd vorausgesehen werden kann, wann sich die Selbstmordgefahr »verdichtet«, muß beim psychopathischen Trinker gleichsam immer mit ihr gerechnet werden.

Neurotische Reaktion

Wir sprechen hier von Persönlichkeiten, die durch aktuelle Schwierigkeiten relativ rasch das Gefühl gewinnen, in eine ausweglose Situation geraten zu sein. Im Gegensatz zu den echten Neurosen sind sie in der Kindheit nicht ausgesprochen neurotisiert worden; dafür aber findet man bei ihnen die Kombination dreier Faktoren, nämlich:
1) eine Tendenz, gegebene Situationen falsch zu beurteilen,
2) eine ungezügelte Impulsivität, die zu Kurzschlußreaktionen führt und
3) eine besondere Verwundbarkeit, zumindest auf einem umschriebenen Gebiete, welches gewöhnlich schon seit der Kindheit gleichsam den »wunden Punkt« der Persönlichkeit darstellt.

Als Folge der beiden ersten Eigenschaften können solche Menschen nicht Zeit vergehen lassen, nicht prüfen, wie sich die Dinge entwickeln werden; *gleich* muß etwas geschehen, noch dazu gerade in jenem Moment, wo Dinge »falsch«, d. h. verzerrt gesehen werden und deswegen nur eine »Lösung« möglich erscheint, die Flucht in den Tod. Freilich ermöglicht die mangelnde Vorbereitung dieser »Aktion gegen die eigene Person«, bei der kaum sichere Vorstellungen vom »eigentlich Angestrebten« bestehen, oft genug Rettung (daher die hohe Beteiligung der neurotischen Reaktionen am Selbstmordversuch und die viel geringere am Selbstmord, wie die Tabelle zeigt): charakteristischerweise bezeichnen sie auch dann später ihr Vorgehen als »unerklärliche Verwirrung«, weil sie nach Abklingen der Krise (dies ist wohl die beste Bezeichnung für diesen ganzen Vorgang) wieder viele positive Lösungsmöglichkeiten sehen. Um so bedauerlicher sind jene Fälle – es gibt sie leider durchaus –, die einer solchen vorübergehenden psychischen Verfassung zum Opfer fallen: hätte man ihnen über den Engpaß hinweggeholfen, sie nicht in ihrer »schweren Stunde« allein gelassen – sie wären am Leben geblieben und später sehr dankbar dafür gewesen.

Was den erwähnten wunden Punkt der Persönlichkeit betrifft, so soll ihn ein Fall illustrieren, der sich vor einigen Jahren in Wien abgespielt hat:

An der Tür eines Rechtsanwaltes läutete es, als er öffnete, sah er sich einer Dame gegenüber, mit der er längere Zeit befreundet gewesen war, bis er vor kurzem die Beziehung abgebrochen hatte. Sie fragte ihn: »Ist es wirklich mit uns aus, bleibst du dabei?« Auf die bejahende Antwort zog die Frau einen Revolver und begann auf den Mann zu schießen. Es gelang ihm, die Schüsse abzulenken und die Frau schließlich in ein Nebenzimmer zu drängen. Während er die Polizei anrief, richtete die Frau die Waffe gegen sich selbst und war auf der Stelle tot.

Die Vorgeschichte ergab dann schließlich, daß diese Dame viele Jahre vorher einen Selbstmordversuch mit vier Tabletten Aspirin (!) unternommen hatte, als sie ihren 20 Jahre älteren Mann durch eine Krebserkrankung verlor. Im kurzen Abschiedsbrief war der Satz zu finden: »Wenn ich den geliebten Menschen verliere, so kann ich das nicht überleben«. So »harmlos« der Selbstmordversuch damals zu sein schien (über die Problematik des Selbstmordversuches im allgemeinen siehe später), so hätte er doch zumindest insofern größte Beachtung verdient, als die Frau gerade damit jenen Punkt markierte, durch den sie am meisten verwundbar und gefährdet war.

Am Schluß der Besprechung der Problematik der neurotischen Reaktionen, der Krise und der Panik, möchte man am liebsten allen Betroffenen die Worte Gottfried Benns in Erinnerung rufen:

> Tauchen mußt Du können, mußt Du lernen,
> einmal ist es Glück und einmal Schmach,
> gib nicht auf, Du darfst Dich nicht entfernen,
> wenn der Stunde es an Licht gebrach.

IV. Hilfe ist möglich

Nun zu einer ganz entscheidenden Feststellung: *Alle Krankheiten, die zum Selbstmord führen, deren Symptom also der Selbstmord ist (nur die wichtigsten konnten hier diskutiert werden), sind heute medizinisch und psychiatrisch erfolgreich behandelbar, sind zu heilen oder zumindest wesentlich zu bessern, der Selbstmord wäre also in all diesen Fällen ein durchaus vermeidbares Phänomen, wenn eine solche Behandlung rechtzeitig eingeleitet und fachgerecht durchgeführt wird.* Mit Nachdruck sei dabei gleich einleitend betont, daß man beim Versuch, Menschen zu retten, zuerst einmal sich selbst gegenüber skeptisch sein muß, weil es auch eine sehr egoistische Menschenrettung gibt. Das ist auch auf anderen Gebieten so: man hat sich z. B. gerühmt, so und so viele Kinder im Mutterleib vor der Abtreibung bewahrt zu haben (eine an sich verdienstvolle Tat), sich aber dann nicht darum gekümmert, ob diese Kinder auch ein menschenwürdiges Leben führen können. So mag es bei manchen »Rettungsaktionen« sein, die letztlich dazu durchgeführt werden, daß man vor sich selber und vor anderen besser dasteht. Das entscheidende Kriterium jeder echten Hilfeleistung auf diesem Gebiet wird daher sein, daß es nicht darum geht, prinzipiell Menschen gegen ihren Willen am Leben zu erhalten, *sondern darum, Menschen eine Chance zu geben, aus der krankhaften psychischen Verfassung, unter der sie leiden, herauszukommen und ihnen dann ein lebenswertes Leben zu ermöglichen. Wo dies nicht gelingt, ist auch die Grenze einer moralisch vertretbaren Selbstmordverhütung erreicht.* Sicher hat die Sache der Suizidprophylaxe in unserer Zeit gerade durch die sprunghaft gestiegenen Chancen zur Bekämpfung jener Krankheiten, aus denen die Selbstmordtendenz resultiert, ihre stärksten Impulse empfangen: ihr Wachsen gerade jetzt erfolgt also nicht zufällig.

Im einzelnen sieht dies so aus (wobei wir wiederum die

wichtigsten fünf Erkrankungen in der bisherigen Reihenfolge bringen wollen):

Endogene Depression

Hier handelt es sich um jene Erkrankung, bei deren Bekämpfung in den letzten 2 Jahrzehnten die größten Fortschritte erzielt worden sind. Die modernen Anti-Depressiva ermöglichen bei gezieltem Einsatz die relativ rasche Beseitigung der einzelnen depressiven Phasen. Die Entdeckung des Lithium eröffnet bei diesbezüglicher Dauermedikation die berechtigte Hoffnung, das Auftreten neuer Phasen verhindern zu können. Eine weitere Verbesserung der therapeutischen Chancen bei der Melancholie in naher Zukunft ist auf Grund der eingetretenen Entwicklung sehr wahrscheinlich.

Neurose

Hier ist die Psychotherapie das Mittel der Wahl. Schon bei Platon ist zu lesen, daß »die Seele mittels gewisser Gespräche geheilt werden kann«: das sollten sich alle jene besonders zu Herzen nehmen, die sich berechtigt fühlen, Psychotherapie abzuwerten, weil dabei »nur geredet wird« (über die Bedeutung des Gespräches im allgemeinen siehe auch den zweiten Teil). Es blieb Freud und seinen Schülern vorbehalten, aus der Möglichkeit des heilenden Gesprächs ein wissenschaftlich definiertes und empirisch erprobtes Verfahren zu entwickeln, die Psychotherapie als einen neuen Zweig medizinischer Behandlung.
Bezüglich der allgemeinen psychotherapeutischen Grundgesetze können wir in diesem Rahmen nicht ins Detail gehen; hingegen muß aber erwähnt werden, daß gerade in den letzten Jahren eine eigene antisuizidale Psychotherapie aufgebaut worden ist, auf deren Grundzüge aber erst am Schluß des Buches eingegangen werden soll, weil sie dort am besten in Relation gestellt werden können zu den Möglichkeiten, die jedem Laien bei der Meisterung von Selbstmordgefahr zur Verfügung stehen. Hier sei nur dar-

auf hingewiesen, daß die Psychotherapie der Selbstmordtendenz sowohl in der Form von Einzel- als auch Gruppentherapie durchgeführt wird. Die Gruppe kann gerade für den Selbstmordgefährdeten eine spezifische, ihm gemäße Hilfeleistung bringen. Am Schluß dieser Ausführungen sei nicht verschwiegen, daß die soziale Problematik der Psychotherapie vielfach noch nicht gelöst ist, da es Gebiete gibt, wo ein Psychotherapeut nicht zur Verfügung steht und wieder andere, wo er nur für Reiche verfügbar ist, was genauso bedenklich erscheint (siehe auch später).

Nichtbewältigtes Altern

Voran die Feststellung, daß diese Anpassung, wie ungezählte Menschen beweisen, durchaus gelingen kann; wo sie zu scheitern droht, vermag Unterstützung von außen entscheidende Hilfe zu leisten. *Zum ersten Mal sehen wir hier, daß die Therapie der Selbstmordgefahr über den medizinischen Bereich eindeutig hinausgeht und weite Kreise, ja die Allgemeinheit erfaßt.* Rekapitulieren wir noch einmal die drei Hauptschwierigkeiten, welche die Altersadaptation zum Scheitern bringen können, so sehen wir, daß

1) die *Verringerung der körperlichen Möglichkeiten* vor allem den Arzt angeht,

2) die *Reduktion der zwischenmenschlichen Beziehungen* insbesondere die Angehörigen mobilisieren muß, und

3) die *Reduktion des Selbstwertgefühls* ein Appell an die Gesellschaft sein sollte, bessere existentielle Bedingungen für den alten Menschen zu schaffen.

Zu 1) Jeder Arzt kann durch sorgfältige Behandlung und Betreuung einen prinzipiellen Beitrag leisten zu größerem Wohlbefinden und damit besserer Stimmung des alten Menschen. Darüber hinaus kann er zum Vertrauten seines Patienten werden, sofern er bereit und imstande ist, sich dafür Zeit zu nehmen; denn inmitten der Kontaktverengung, die den alten Menschen so oft kennzeichnet, bleibt der Arzt eine Vertrauensfigur, der gegenüber man sich

doch aufschließt und von der man sich dementsprechend am ehesten in die positive Richtung beeinflussen läßt.
Zu 2) Die Mehrzahl der alten Menschen besitzt noch Angehörige, vor allem Kinder; diese sind aber oft genug nicht bereit, sich ihrer anzunehmen, ihnen Zeit zu widmen, insbesondere sie zu besuchen, mit ihnen zu sprechen: dies ist eine der schlimmen Folgen des Zugrundegehens der Großfamilie. Bei einigem gutem Willen lassen sich aber hier Kompromisse finden, die den Alten das Gefühl nehmen, verlassen zu sein, ohne daß dadurch die eigene Entwicklung der Jungen behindert werden müßte.
Zu 3) »Das Versorgungsprinzip«, welches in weiten Bereichen der Welt heute dem alten Menschen gegenüber routinemäßig angewendet wird, läßt berechtigten Zweifel daran aufkommen, inwieweit das Leben der alten Menschen von der Allgemeinheit wirklich gewünscht wird. Sobald mit dieser Versorgung nur ein Dahinvegetieren und nicht ein wirklich lebenswerter Daseinsabschnitt ermöglicht wird, erscheint es jedenfalls problematisch, diesbezüglich von einem echten guten Willen zu sprechen. Der alte Mensch müßte viel mehr und besser als bisher in die Gemeinschaft integriert, mit Aufgaben betraut werden, wofür es viele Möglichkeiten gibt; die Unterbringung in einem Altersheim wäre so zu gestalten, daß sie nicht mit dem Gefühl des »Lebendig-begraben-Werdens« identifiziert werden muß.

Alkohol- und Drogenmißbrauch

Hier erscheint die frühzeitige Entdeckung und Behandlung besonders wichtig. Es wurde schon früher darauf hingewiesen, daß jeder Suchtmittelmißbrauch körperliche und psychische Veränderungen zur Folge hat. In einem fortgeschrittenen Stadium von psychischem Verfall und Hirnschädigungen kann mit einer Mitarbeit der also veränderten Persönlichkeit nicht mehr gerechnet werden. Die für einen Behandlungserfolg notwendige Grundlage, die Einsicht in die Notwendigkeit der Behandlung, ist dann für immer entschwunden – ein entscheidender Grund mehr für die frühzeitige Therapie.
Man hat die Behandlung der Süchtigen aller Art als das

Sonderproblem erkannt, welches es tatsächlich darstellt und beginnt dementsprechend, ihr immer mehr eigene Institutionen (Kliniken, Heime, Fürsorgeeinrichtungen) zu widmen. Zu einer spezifisch ärztlichen Behandlung muß psychotherapeutische und fürsorgerische Betreuung hinzukommen, die sich auch um die familiäre Situation und den Arbeitsplatz kümmert. Sehr bewährt haben sich außerdem Gruppenbildungen etwa in der Art der »Anonymen Alkoholiker«. Die Ergebnisse solcher konzentrierter Teamarbeit geben Anlaß zu der Hoffnung, daß die Chance auf Heilung oder Besserung der Süchtigen, sofern die Behandlung rechtzeitig aufgenommen wird, durchaus nicht so gering ist, wie ursprünglich angenommen wurde.

Neurotische Reaktion

Vor allem gilt es hier, die Verdichtung der Krise zur Panik rechtzeitig abzufangen und die sofortige Behandlung des Gefährdeten zu veranlassen. Die Devise lautet: »Zeit gewonnen, alles gewonnen«. Die Medizin hat jedenfalls verbesserte Möglichkeiten, die Meisterung der Krise zu fördern: die Psychopharmaka leisten einen Beitrag zur Entspannung und Entängstigung und damit zur Beseitigung der so gefährlichen affektiven Einengung (als Teilgebiet der dynamischen Einengung); in schwereren Fällen wird eine Schlafkur notwendig sein. Sobald durch diese Maßnahmen eine gewisse Beruhigung eingetreten ist, soll die bestehende Problematik psychotherapeutisch (entweder Einzel- oder Gruppentherapie) verarbeitet werden. Diese sogenannte Krisen-Intervention kann man sicherlich auch ambulant betreiben, in bestimmten Fällen ist aber eine stationäre Behandlung unbedingt notwendig, teils wegen der therapeutischen Maßnahmen (z. B. Schlafkur), teils aber auch wegen des hohen Selbstmord-Risikos; daher sind eigene Krisen-Interventions-Kliniken, die heute leider in Europa (im Gegensatz zu den USA) noch kaum existieren, eine unbedingte Notwendigkeit; mehrere solche Gründungen, eine davon in Wien, stehen erfreulicherweise bevor, sie werden hoffentlich auch dazu beitragen, das Ansehen der Psychiatrie zu verbessern.

V. Selbstmordverhütungszentren

Die Diskussion der Krisen-Intervention gab die Gelegenheit, darauf hinzuweisen, daß praktische Selbstmordverhütung ohne die Existenz bestimmter Institutionen unmöglich ist. Hier sind in erster Linie die Selbstmordverhütungszentren anzuführen, Einrichtungen, die sich spezifisch der Behandlung selbstmordgefährdeter Menschen widmen. Ihre Hauptaufgabe ist es, selbstmordgefährdete Personen rechtzeitig zu erfassen und sie entsprechend zu betreuen. Sie müssen daher genügend bekannt und relativ leicht zu erreichen sein; ferner soll ihre Arbeit nach den Gesetzen des Teamworks ausgerichtet sein, in dem Psychiater, Psychotherapeuten, Psychologen, Fürsorger, Juristen und Seelsorger zusammenarbeiten. Im folgenden eine kurze Darstellung ihrer Tätigkeit:

Problemlösung im Team

1) In das Tätigkeitsfeld des *Psychiaters* fällt einerseits die Abschätzung der Selbstmordgefahr und die diagnostische Einordnung des Patienten und andererseits die Therapie, die von der Diagnose abhängig ist.

2) Der *Psychologe* hat die Möglichkeit, in verschiedenen Testuntersuchungen einen Beitrag zur Entdeckung des präsuizidalen Syndroms zu leisten. Ferner fallen ihm in Zusammenarbeit mit dem Psychiater noch weitere diagnostische und eventuell auch therapeutische Aufgaben zu.

3) Eine entscheidende, vielleicht die wichtigste Rolle im Rahmen von Selbstmord-Verhütungs-Zentren spielt der *Fürsorger* (Sozialarbeiter); es muß klar zum Ausdruck gebracht werden, daß es in der Regel die Fürsorger sind, die den Grundkontakt mit dem selbstmordgefährdeten Patienten aufnehmen und ihn weiterhin pflegen. Dabei muß ein sehr aktives Fürsorge-Prinzip herrschen, d. h. man muß

von sich aus die Initiative ergreifen, nicht warten, bis der Patient kommt, sondern ihm nachgehen: Hausbesuche und andere Interventionen erweisen sich in diesem Sinne oft als notwendig. Es versteht sich von selbst, daß bei bestimmten Patienten auch direkte soziale Maßnahmen zur Verbesserung der beruflichen, der finanziellen und der Wohnungssituation nötig erscheinen.

4) Hinsichtlich der Aufgabe von *Rechtsanwälten* im Rahmen der Selbstmordverhütung darf nicht vergessen werden, daß innerhalb der Selbstmordgefährdeten die Zahl derjenigen, die mit ihrer Umgebung (z. B. Scheidung) oder mit den Gesetzen in Konflikt gekommen sind, relativ hoch ist; viele von ihnen werden einen auf diesem Gebiete fachkundigen Berater benötigen.

5) Last not least ein Wort über die Tätigkeit des *Seelsorger*; es wäre falsch zu glauben, man könnte Selbstmordverhütung *allein* auf religiöser Basis betreiben: ohne fachkundliche Orientierung, d. h. ohne die Arbeit des erwähnten Teams, aufbauend auf den wissenschaftlich-psychiatrischen und psychologischen Erkenntnissen wird hinreichende Selbstmord-Prophylaxe nicht möglich sein. Andererseits aber sollte im Rahmen eines solchen Teams der Seelsorger nicht fehlen. Überraschend oft werden ja von den selbstmordgefährdeten Personen verschiedene ins Religiöse weisende Fragen aufgeworfen, und es ist wohl nur eine Selbstverständlichkeit, den Fragenden, sofern sie es wünschen, die Möglichkeit zu geben, eine Antwort zu erhalten durch den, der einzig dafür kompetent ist: den Seelsorger.

Stellungnahme und Beitrag der Religion

Da die Beziehungen zwischen Religion und Selbstmordverhütung, wie auch die zwischen Religion und Psychiatrie bzw. Tiefenpsychologie noch immer durch viel Mißverständnis belastet sind, muß auf diese Problematik noch näher eingegangen werden. Zweifelsfrei kann eine Religion ganz allgemein in doppelter Weise selbstmordhemmend wirken:

1) Dadurch, daß sie beiträgt zur Sinnfindung des Daseins und

2) wenn sie lehrt (wie es ganz besonders die christlichen Religionen tun), daß nur Gott und nicht der Mensch der Herr über Leben und Tod ist.

Viele haben lange Zeit geglaubt, daß der wirkungsvollste Beitrag der Kirche zur Selbstmord-Prophylaxe die Verurteilung des Selbstmörders, die Erzeugung von Angst vor den Folgen in der Ewigkeit und die Verweigerung des kirchlichen Begräbnisses war: heute wissen wir, daß die abschreckende Wirkung dieser Maßnahmen ebenso gering ist wie die der Todesstrafe.

Prophylaktisch wirksam war die Verdammung sicherlich nicht. War sie durch irgendwelche andere Faktoren zu rechtfertigen? Im Prinzip ist der Selbstmord, theologisch gesehen, Sünde, weil der Mensch sich dabei ein Recht anmaßt, das nur Gott zusteht. Wir wissen aber heute, daß die Verweigerung des kirchlichen Begräbnisses für den Selbstmörder doppelt falsch war – sachlich, weil er an einer psychischen Krankheit zugrunde geht, welche die persönliche Verantwortung aufhebt oder zumindest wesentlich einschränkt, und theologisch, weil es sich bei dieser Verweigerung um einen unmenschlichen und damit unchristlichen Akt handelt. Mit Genugtuung erfährt man daher die jüngste Entscheidung der obersten kirchenrechtlichen Kommission, nach der »keinem Katholiken das kirchliche Begräbnis verweigert werden kann«. Trotz dieses enormen Fortschrittes wird es noch lange dauern, bis die Folgen dieser jahrhundertelangen Fehlhaltung – insbesondere in ländlichen Gegenden gelten Angehörige einer Familie, in denen ein Selbstmord erfolgte, weiterhin als mit einem Makel behaftet – beseitigt sein werden.

Den wirksamsten Beitrag der Religion zur Selbstmordverhütung wird im übrigen die Mobilisierung der christlichen Nächstenliebe (siehe auch den zweiten Teil) und die größere Bindung an den Sinn des Daseins (Nietzsche: »Wer ein Warum zu leben hat, erträgt fast jedes Wie«) darstellen. Erinnern wir uns daran, daß die verminderte Wertbezogenheit ein entscheidender Bestandteil des präsuizidalen Syndroms ist. Man darf daher vielleicht sagen,

daß ein religiöser Mensch bedrohliche und schwierige Situationen, die von außen schicksalhaft verhängt werden (siehe früher unter erste Möglichkeit der situativen Einengung) eher überstehen wird.
So positiv der diesbezügliche Einfluß der Religion aber auch sein kann, leider gilt er nur *für normal-psychologisch-strukturierte Situationen, während bei bestehenden psychischen Erkrankungen seine Grenzen sichtbar werden.* Oft werden z. B. im Rahmen einer psychopathologisch-determinierten präsuizidalen Entwicklung religiöse bzw. weltanschauliche Ansichten »aufgebaut«, die mit der Neigung zur Selbstzerstörung sogar in Übereinstimmung stehen bzw. ihr nicht sonderlich hinderlich sind. In einer endogenen Depression können z. B. auch tief religiöse Menschen Selbstmord begehen. Im Rahmen einer neurotischen Entwicklung hinwiederum kommt es gewöhnlich auch zu einer einengenden Verzerrung der Weltanschauung und religiösen Wertwelt. Das Problem liegt darin, daß von der präsuizidalen pathologischen Persönlichkeitsveränderung auch Wertwelt und Religion angesteckt werden können.

Bedeutung des Selbstmordversuchs

Eine Hauptaufgabe der Selbstmordverhütungszentren ist auch die Erfassung aller Personen, die einen *Selbstmordversuch* durchgeführt haben. Sicherlich wäre es falsch, jeden Suizidversuch als mißglückten Selbstmordversuch zu bewerten. Man muß vielmehr bei den Selbstmordversuchen hinsichtlich des Todeswunsches zumindest folgende drei Kategorien unterscheiden:

1) solche, wo der Tod absolut intendiert wird, aber durch einen glücklichen Zufall oder durch die verbesserten medizinischen Maßnahmen (z. B. bei Vergiftungen) nicht eintritt;
2) solche, wo selbstzerstörende und selbsterhaltende Kräfte miteinander im Kampfe liegen, so daß eine mehr oder minder abgeschwächte Selbstmordhandlung resultiert (Selbstmordversuche als »Gottesurteil über Leben und Tod«, als »Hilfeschrei«, als »hysterische Demonstration«,

oft auch nur als Wunsch, eine längere Zeit zu »überschlafen« – von Feuerlein trefflich als »parasuizidale Pause« bezeichnet);

3) solche, wo eine Selbstmordabsicht eigentlich nur vorgetäuscht wird (die letzte Gruppe ist sicherlich viel kleiner, als oft angenommen wird).

Mit Nachdruck sei aber betont, daß Todesabsicht und Resultat der Selbstmordhandlung oft kraß voneinander abweichen können. So gibt es Selbstmordhandlungen, unternommen mit absolutem Todeswunsch, die doch durch einen glücklichen Zufall zu keinem »Erfolg« führen; auf der anderen Seite kann auch ein relativ schwacher Todeswunsch einen tödlichen Ausgang zur Folge haben. Es geht also nicht an, einen, der nach einer Selbstmordhandlung gerettet werden konnte, als einen Menschen anzusehen, der in Wirklichkeit unter gar keinen Umständen sterben wollte, etwa unter der Devise: »denn hätte er es ernst gemeint, dann wäre er ja tot«; eine solche Einstellung verrät Unkenntnis und Unmenschlichkeit, im Sinne der Mißachtung des einzelnen Menschenlebens, zugleich.
Daß in *allen* Selbstmordversuchen, wenn auch quantitativ verschieden, eine alarmierende Selbstzerstörungstendenz zum Ausdruck kommt, kann auf doppelte Weise bewiesen werden: Geht man der Vorgeschichte von Menschen nach, die schließlich doch Selbstmord begehen, so sieht man, daß sie überraschend häufig schon vorher einen Selbstmordversuch unternommen haben. Etwa 30% aller Selbstmörder weisen in der Vorgeschichte einen oder mehrere Selbstmordversuche auf. Andererseits wird immer wieder beobachtet, daß nach einem Selbstmordversuch gerettete Personen später eine starke Tendenz zeigen, neuerlich eine Selbstmordhandlung zu begehen. Innerhalb von 2 bis 3 Jahren (diese Zeit ist die gefährlichste) muß mit einer Rückfallquote von 10–20% gerechnet werden, davon ungefähr 6% Selbstmorde, der Rest Selbstmordversuche. Nachuntersuchungen in Los Angeles haben ergeben, daß darüber hinaus weitere 40% der geretteten Selbstmörder knapp in die Nähe eines »suizidalen Status« kommen (depressive Stimmung, Verzweiflung, Selbstmordabsichten).

Aus dieser Erkenntnis resultiert die Verpflichtung, sich mit allen Personen, die einen Selbstmordversuch unternommen haben, intensiv zu beschäftigen, da sie grundsätzlich als gefährdet anzusehen sind. Deshalb dürfen Selbstmordversuche auch nicht verheimlicht werden. Diejenigen, die es für eine »Ehrenpflicht« halten, so etwas zu tun, erweisen dem Betreffenden damit oft einen »tödlichen Gefallen«, weil sie ausreichende Betreuungsmaßnahmen verhindern. Zwar gehen die Patienten nach einem Selbstmordversuch oft mit neuem Mut an die Bewältigung ihrer Lebensprobleme heran, und auch die Angehörigen zeigen sich oft im ersten Moment genügend beeindruckt, um allen Wünschen des Suizidanten gegenüber willfährig zu sein; häufig aber – dies kann nicht oft genug wiederholt werden – hält weder die Wandlung der Angehörigen noch die der Patienten lange an, und schon in überraschend kurzer Zeit entstehen neue Krisen, die wiederum in die Nähe der Selbstvernichtung führen.
Aus dem Gesagten leitet sich ab, daß zu einer ausreichenden Behandlung und Betreuung von Selbstmordversuchen folgende Stadien gehören:

- die Beseitigung eventuell eingetretener körperlicher Schäden,
- eine exakte psychische Diagnosestellung,
- eine aus der Diagnose resultierende wirksame Therapie,
- eine intensive Nachbetreuung.

Daß diese Aneinanderreihung recht wirksam sein kann, konnte verschiedentlich praktisch nachgewiesen werden, z. B. in Wien, wo es durch diesen Ablauf (den man als »Wiener Weg zur Selbstmordverhütung« bezeichnet hat) gelang, die Rückfallquote (nach 2 Jahren) auf 7%, davon nur 2% Selbstmorde, der Rest Selbstmordversuche, zu senken.
Die Berechtigung von Selbstmordverhütungszentren darf jedoch nicht von solchen statistisch nachweisbaren Erfolgen abhängig gemacht werden. Sie leitet sich allein schon aus der Tatsache ab, daß der einzelne, stehe er nun vor oder nach einem Selbstmordversuch, *eine Stelle zu finden das Recht hat, die ihm diese Hilfe anbietet.* Die internationa-

le Vereinigung für Selbstmordverhütung (IASP), die der Verfasser 1960 gegründet und die sich heute zu einer weltweiten Organisation entwickelt hat, ist jedenfalls sehr stolz darauf, daß sich unter ihrem Einfluß die Zahl der Selbstmordverhütungszentren in allen Teilen der Welt vervielfacht hat und immer neue Zentren weiterhin entstehen.
Selbstmordverhütungszentren müssen außerdem mit anderen Institutionen, die sich zumindest unter anderem selbstmordgefährdeter Personen annehmen, zusammenarbeiten.
Hier sind anzuführen:

- *Krisen-Interventions-Kliniken* (darüber wurde schon ausführlich abgehandelt),
- *Entgiftungszentren:* hier kommt es erfahrungsgemäß zu einer »Ballung« von Selbstmordversuchen (sie benötigen daher einen eigenen psychiatrischen Beratungsdienst),
- *Psychiatrische Kliniken und Anstalten:* die Selbstmordverhütung ist auf die Mitarbeit der Psychiatrie dringend angewiesen; auf der anderen Seite wurde gezeigt, daß der Selbstmord tatsächlich ein zentrales psychiatrisches Problem darstellt,
- *Telefonseelsorgedienste:* diese stellen erfahrungsgemäß wertvolle Auffangzentren für selbstmordgefährdete Menschen dar. Wir haben am Ende des Buches die Telefonnummer dieser Stellen in allen größeren Orten in der Bundesrepublik Deutschland, Österreich und der deutschsprachigen Schweiz zusammengestellt. Es bleibt ein unschätzbarer Vorteil, daß Hilfesuchende zu jeder Stunde dort durch die »helfende Stimme« Antwort bekommen können (auch die Anonymität erleichtert vielen diesen ersten Schritt),
- *Verschiedene Fürsorgeeinrichtungen.*

Je weiter der erste Teil fortschritt, desto deutlicher wurde, daß zwar die medizinische, insbesondere die psychiatrisch-tiefenpsychologische Betrachtung die Grundlage der Selbstmordverhütung darstellt, *daß aber jeder suizidpro-*

phylaktische Versuch zum Scheitern verurteilt bleiben muß, wenn nicht die Unterstützung weiter Kreise, ja der Öffentlichkeit gewonnen wird. So ist es denn jetzt auch Zeit, sich im folgenden Abschnitt mit einigen aus dieser Erkenntnis resultierenden Fragen zu beschäftigen.

ZWEITER TEIL

SELBSTMORDVERHÜTUNG ALS AUFGABE MITMENSCHLICHER VERANTWORTUNG

VI. Hinweise auf Selbstmordgefährdung

Aus dem bisher Gesagten geht eindeutig hervor, daß man zum Selbstmörder nicht geboren wird, sondern sich zu ihm, oft schon seit der Kindheit, entwickelt. Diese Erkenntnis ist in doppelter Weise trostreich:

1) Sie bedeutet, daß man nicht durch Erbanlagen zwangsweise zum Selbstmord verurteilt werden kann, wie manche heute noch glauben. Der Selbstmord ist ein viel zu komplexes Geschehen, als daß er wie eine bestimmte Eigenschaft vererbbar erschiene. Selbst bei der endogenen Depression, die, wie bereits erwähnt, eine erbliche Komponente aufweist, wird höchstens die Neigung zur Erkrankung, aber nicht die Selbstmordtendenz direkt auf die Nachkommen übertragen.

2) In der Mehrzahl aller Fälle entwickelt sich das präsuizidale Syndrom langsam (die einzige wirklich zahlenmäßig ins Gewicht fallende Ausnahme stellt die neurotische Reaktion dar): Jedermann hat somit die Möglichkeit, den selbstmordgefährdeten Menschen rechtzeitig zu entdecken. Für den Laien gibt es dabei vor allem die folgenden zwei Hinweise:

Selbstmordankündigung

Zuerst einmal muß man wissen, daß solche Ankündigungen viel häufiger stattfinden, als im allgemeinen angenommen: mindestens bei 80%, wahrscheinlich aber fast bei allen Selbstmördern, kommen sie teils in direkter, teils in indirekter, aber deutlich erkennbarer Form vor. Natürlich sprechen manche Menschen von Selbstmord, ohne es deswegen auch schon zu tun; nicht selten aber kommt es vor, daß nach jahrelangen Andeutungen, zu einem Zeitpunkt, wo die Angehörigen diesbezüglichen Reden schon keine Bedeutung mehr beimessen, der Selbstmord schließlich

doch erfolgt. Zwei weit verbreitete Vorurteile müssen endlich aufgegeben werden: »Wer zum Selbstmord entschlossen ist, verrät sich nicht und gibt niemandem Gelegenheit, helfend einzugreifen«, sowie »Wer vom Selbstmord spricht, tut es niemals«. Die Behauptung des amerikanischen Psychiaters Szasz: »Die es sagen, springen nicht, und die springen, sagen es nicht«, ist durch die Erfahrung eindeutig widerlegt.
Überlegen wir, warum vor einem Selbstmord Ankündigungen stattfinden, so muß man die folgenden 4 Motivationen in Erwägung ziehen:

- den Wunsch, von den Angehörigen Hilfe zu bekommen, so daß der Selbstmord vermieden werden kann,
- den Wunsch, die Angehörigen zu informieren, damit sie der Verlust nicht unvorbereitet trifft,
- den Wunsch, die Angehörigen unter Druck zu setzen,
- Überfließen der eigenen Gedanken, Gefühle und Stimmungen, die einer einfach nicht mehr bei sich behalten kann und ausdrücken muß, ohne daß damit eine besondere Absicht verbunden ist.

Vieles spricht dafür, daß der zuerst angeführte Tatbestand das häufigste Motiv für Selbstmordankündigungen ist. Wenn wir bedenken, daß in irgendeiner Form in jedem Menschen der Selbsterhaltungstrieb immer noch wirksam bleibt, wird man die Selbstmordankündigung gut als Hilferuf verstehen können und gleichzeitig zur Kenntnis nehmen, daß wir in jedem Selbstmordgefährdeten, dem wir die Hand entgegenstrecken, zumindest eine gewisse Bereitschaft finden, diese Hilfe auch anzunehmen.
Dem Kampf zwischen selbstzerstörenden und selbstbewahrenden Kräften, welcher sich also in jedem Menschen abspielt, der sich zum Selbstmord hin entwickelt, entspricht auch oft die Art der Selbstmordankündigung; sie gibt das Schwanken des Menschen zwischen Leben- und Sterben-Wollen wieder und wird dementsprechend so gestaltet, daß sie sowohl dem Leben als auch dem Tod eine Chance offen läßt: vage, indirekt, widersprüchlich, bagatellisierend. Vor kurzem hat sich in einer Wiener Mittelschule ein 17jähriges

Mädchen mit einem Revolver erschossen – sie hatte vorher ihre Mitschüler gefragt, wie man die Pistole an der Schläfe ansetzen muß, um sicher tot zu sein – diese Frage wurde aber von den Mädchen nicht ernst genommen, weil sie mit einem Lächeln gestellt worden war.

Besonders gefährdete Gruppen

Es gibt Gruppen, die sich in einer erhöhten Selbstmordgefahr befinden; sie sind durch statistische Studien entdeckt und abgegrenzt worden, befinden sich aber im ständigen Fluß je nach der Entwicklung des gesellschaftlichen Gefüges eines Landes und differieren natürlich auch von Kulturkreis zu Kulturkreis. Einer dieser Gruppen anzugehören bedeutet, einer erhöhten Selbstmordgefahr *ausgesetzt* zu sein – ob das einzelne Mitglied solcher Gruppen aber auch tatsächlich selbstmordgefährdet ist, hängt von seiner *Anfälligkeit* für den Selbstmord und somit, nach den früheren Ausführungen, von seiner persönlichen psychischen Struktur ab.
In unseren Breiten sieht das Bild der Gruppe eines erhöhten Selbstmord-Risikos heute ungefähr so aus:

1) *Alte Menschen*, besonders wenn sie vereinsamt sind (siehe früher).

2) *Unheilbar chronisch Kranke*, besonders wenn sich ihr Leiden ständig verschlechtert, mit Schmerzen verbunden ist und keine Hoffnung mehr auf irgendeine Hilfe offen läßt.

3) *Süchtige.*

4) *Aus rassischen, religiösen und politischen Gründen Verfolgte.* Minderheiten sind immer in einer äußerst schwierigen seelischen Situation; die politische Verfolgung ist vielleicht das charakteristischste Beispiel dafür, daß unter außergewöhnlichen Umständen Außenfaktoren so übermächtig werden können, daß auch Menschen, die an und für sich nicht zum Suizid tendieren, schließlich doch Selbstmord begehen. (Beachte z. B. die Zunahme der Selbst-

mordquote von Juden zwischen 1933 und 1945 unter dem Druck der nationalsozialistischen Verfolgungsmaßnahmen, obwohl Selbstmorde beim jüdischen Volk sonst sehr selten sind.)

5) *Flüchtlinge.* Vergessen wir in diesem Zusammenhang nicht, daß die Welt mehr denn je von Flüchtlingsströmen überschwemmt ist. Der Verlust der Heimat fällt hier mit den Schwierigkeiten, sich in der neuen Umgebung, oft auch sprachlich, zurechtzufinden, zusammen, die Zukunft erscheint solchen Menschen bedroht und ungewiß.

6) *Landflüchtige*, die also vom Land in die Städte ziehen. Bei ihnen handelt es sich um eine besondere, im übrigen immer mehr zunehmende »Flüchtlingsform«: die Betreffenden können in der Stadt oft nicht Fuß fassen, gehen in der anonymen Masse isoliert unter.

7) *Kriminelle.* In der Mehrzahl handelt es sich dabei um psychisch gestörte Persönlichkeiten, die weder mit ihrer Aggression noch auch mit ihrer Schuldproblematik fertig werden. Befinden sie sich schon innerlich auf Grund ihrer Persönlichkeitsstruktur oft genug in einem präsuizidalen Status, wird jetzt noch zusätzlich von außen eine präsuizidale Einengung über sie verhängt, weil ja die Durchführung der kriminellen Tat Reaktionen der Umwelt hervorruft, die darauf gerichtet sind, den Täter zu eruieren, einzukreisen, festzunehmen und ihn der Strafe zuzuführen. Gegen die Bestrebungen der Gesellschaft, sich vor solchen Menschen zu schützen, kann kein Einwand erhoben werden, wohl aber gegen die Art, in der dies immer noch in den Gefängnissen geschieht, wo von menschlicher Hilfeleistung und Therapie erst in Ansätzen gesprochen werden darf.

8) *Menschen in Ehe- und Liebeskrisen.* Solche emotionsgeladenen Probleme führen leicht in krisenhafter Verdichtung zu einer suizidalen Explosion; besteht noch Hoffnung, das Verhalten des Partners zu ändern, bleibt es oft beim Selbstmordversuch mit seiner »Appell-Funktion« (Stengel); ist der Partnerverlust besiegelt, besteht große Gefahr, daß es zum Tod als Folge der Selbstmordhandlung kommt.

9) *Menschen in schwerem sozialem Notstand,* besonders bei plötzlichem finanziellem Zusammenbruch. Es wäre ein verhängnisvoller Irrtum zu glauben, daß heute keine materielle Not mehr existiert – die Beschäftigung mit Lebensmüden beweist das Gegenteil, wenn auch dieses Problem gegenüber seelischen, also intrapsychischen Konflikten in den Hintergrund tritt.

10) *Junge Menschen.* Sie waren schon immer an Selbstmord*versuchen* mit einem größeren Prozentsatz beteiligt – jetzt erhöht sich ihr Anteil auch am Selbstmord fast überall in der Welt beunruhigend; dies spricht dafür, daß immer mehr junge Menschen auf Grund einer gestörten Kindheitsentwicklung die Hoffnung verlieren, das Leben positiv gestalten zu können: sie kapitulieren vor den Schwierigkeiten, bevor noch das »eigentliche Leben« beginnt. Besonders die Tendenz zur Wiederholung von Mißerfolgen und der Verlust der Wertbezogenheiten, aus dem »Langeweile« resultiert, sind hier Alarmzeichen.

11) *Angehörige von Selbstmördern.* Der Selbstmord ist, worauf wir noch zurückkommen werden, ein enorm ansteckendes Phänomen, welches dementsprechend von Mensch zu Mensch überspringen kann. In Familien, wo ein Selbstmord stattgefunden hat, ist einerseits sozusagen ein Selbstmordvorbild vorhanden, andererseits bleibt im Zusammenhang mit dem Suizid eines Angehörigen das Aufkommen von Schuldgefühlen unvermeidlich, die wiederum ihrerseits zur Selbstbestrafung, oft in der schwersten Form, dem Selbstmord, drängen.

12) *Menschen, die bereits einen Selbstmordversuch durchgeführt haben.* Diesem auch zahlenmäßig wichtigsten Problem wurde bereits im ersten Teil ein eigener Absatz gewidmet.

13) *Menschen nach einem Autounfall.* Hier handelt es sich um die jüngste Gruppe eines erhöhten Suizid-Risikos, sie hat sich erst in allerletzter Zeit konstituiert. Es ereignet sich immer öfter, daß Personen, die in einen Autounfall verwickelt sind, oft auch bei bloßem Sachschaden und oft auch dann, wenn sie nicht die geringste Schuld trifft, eine

Art von Zusammenbruch der Intaktheit ihrer Persönlichkeit erleiden, sich in die Isolierung zurückziehen und nach Art einer Panikhandlung Selbstmord begehen. Offenbar ist heute das Auto vielfach in das eigene Körperschema einbezogen; so gesehen mag die Energiekrise ihren Vorteil haben, wenn sie dazu zwingt, ein allzu enges Verhältnis zum Auto wieder etwas zu lockern.

Wollte man versuchen, einen gemeinsamen Nenner all dieser Gruppen mit erhöhtem Selbstmord-Risiko zu finden, so liegt er wohl vor allem darin, daß die meisten von ihnen zu Minderheiten, Außenseitern, Abgelehnten und Diskreditierten gehören.

VII. Zwischenmenschliche Barrieren

Überlegt man die beiden hier beschriebenen schwerwiegenden und nur schwer zu übersehenden Hinweise auf Selbstmordgefährdung, muß man um so überraschter sein, daß sie in der überwiegenden Mehrzahl aller Fälle nicht dazu ausreichen, die Umwelt soweit zu mobilisieren, daß ein Selbstmord verhindert wird. Wir stehen somit vor der Aufgabe, die Ursachen dafür zu entdecken, warum solche Alarmsignale immer wieder übersehen werden. Es sind vor allem drei Hauptursachen zu differenzieren:

- gestörte zwischenmenschliche Beziehungen,
- falsche Einstellung zum Außenseiter und Schwachen,
- ungenügende Kenntnis über das Selbstmordproblem.

Gestörte zwischenmenschliche Beziehungen

Wir müssen zur Kenntnis nehmen, daß diese heute im allgemeinen viel gestörter sind, als angenommen wird. Leben wir nicht nebeneinander, jeder nur auf sich und sein Wohlergehen bedacht, statt sich auch, wie es die Voraussetzung einer echten Gruppe ist, für den anderen verantwortlich zu fühlen? Dieser Tatbestand wirkt sich dort besonders tragisch aus, wo durch freundliche, aber unverbindliche Worte dem einzelnen vorgetäuscht wird, er könne sich auf die anderen verlassen: um so größer wird dann die Enttäuschung, wenn er in der Belastungssituation ins Leere fällt und niemand ihm beizustehen bereit ist. Wir haben nicht bloß eine Leistungsgesellschaft, gegen die, wenn sie in Grenzen bleibt, nichts eingewendet werden mag, sondern eine Erfolgsgesellschaft, und Erfolg ist etwas gegen einen anderen Gerichtetes, bedeutet Kampf auf Leben und Tod. In einer solchen Welt wird das Wort von Altenberg wahr: »Aus dem Mitmenschen wird ein Nebenmensch und aus dem Nebenmenschen ein Gegenmensch.«

Als Kriterien einer gesunden zwischenmenschlichen Beziehung sind anzuführen: Bereitschaft, Zeit für den anderen zu haben, den Dialog mit ihm zu pflegen, zu wissen, was in ihm vorgeht und Ehrfurcht vor diesem Vorgang zu haben.

Heute haben die meisten Menschen (füreinander) »keine Zeit«, obwohl in diesem Satz eigentlich eine Bankrott-Erklärung apokalyptischen Ausmaßes liegt. Das mitmenschliche Gespräch ist fast verkümmert. Vor kurzem hat eine Umfrage ergeben, daß Ehepaare im Durchschnitt nur mehr 9 Minuten täglich miteinander sprechen und diese Gespräche gewöhnlich über Routinethemen nicht hinausgehen. Eine Patientin des Verfassers hat sich mit dem Versuch an ihren Mann gewandt, gemeinsame Probleme durch ein Gespräch zu bereinigen; sie erhielt die Abfuhr: »Ich belaste Dich ja auch nicht mit meinen Schwierigkeiten.«

Nun spielt das nicht stattgehabte Gespräch beim Selbstmord eine entscheidende Rolle. Die Formulierung: »Jedem Selbstmord geht ein fehlendes oder mißglücktes Gespräch voraus« ist nicht zu gewagt. Ein Beispiel für viele andere illustriere diesen Zusammenhang: Eine junge Frau hatte gegen den Willen ihrer Eltern, die mit der Partnerwahl nicht einverstanden gewesen waren, geheiratet. Später verschlechterte sich die Beziehung der Ehepartner, und die Betreffende kam zu ihrem Leidwesen immer mehr darauf, daß die Eltern (insbesondere die Mutter) Recht gehabt hatten; als diese Mutter lebensgefährlich erkrankte, fühlte sie ihren innerseelischen Konflikt verschärft und versuchte eine Aussprache mit dem Gatten herbeizuführen: als sie zurückgewiesen wurde, beging sie einen äußerst schweren Selbstmordversuch – nur die verbesserten therapeutischen Möglichkeiten bewahrten sie vor dem Tod.

Ohne entsprechendes Gespräch kann man auch nicht wissen, was in dem anderen vorgeht: »Das ist ein guter Vater, der sein eigenes Kind kennt«, heißt es im »Kaufmann von Venedig«. Wo sind heute Menschen zu finden, die in diesem Sinne das Kriterium eines guten Vaters, eines guten Gatten, eines guten Mitmenschen erfüllen? Das einzige Motiv, sich um den anderen zu kümmern, ist jetzt vielfach noch »bestenfalls« die Neugier, nicht aber die echte Hilfsbereitschaft. Bei einer solchen Zerstörung der zwischenmenschlichen Beziehungen wird es nicht wunder nehmen dürfen, wenn die Selbstmordankündigungen ungehört verhallen. Man nimmt sie nicht ernst, hält sie vielfach für »leere Drohungen«, ja sogar für Erpressungen, auf die man unter keinen Umständen »hereinfallen« dürfe. Alles in allem das Fazit: »Wenn einer laut um Hilfe schreit, außer sich, ist er zu leise für mich« (Kreisler).

Falsche Einstellung zum Außenseiter und Schwachen

Es wurde schon darauf hingewiesen, daß die Mehrzahl der Selbstmordgefährdeten sich aus solchen »verfemten« Personen, die Minderheiten angehören, rekrutiert. Der Mensch hat offenbar die Tendenz, stets neue Minderheiten zu schaffen. Man braucht sie, ob sie nun anderer Nationalität (siehe das Gastarbeiterproblem), anderer Hautfarbe oder anderen Glaubensbekenntnisses sind, um Schuldige zu finden und an ihnen Aggressionen abzureagieren.
Es gibt eine bestimmte »Philosophie« oder auch »Weltanschauung«, die sich darum bemüht, uns die Legitimation für ein solches Vorgehen zu liefern. Wo sie herrscht – und sie ist weitverbreitet – kann man etwa die folgenden »Erkenntnisse« hören: »Du stehst dort, wo du es verdienst. Bist du hinaufgekommen, so ist dir zu gratulieren, denn es ist deine eigene Tüchtigkeit; bist du unten geblieben, so ist es deine eigene Schuld, hättest du nur richtig gewollt, dein Schicksal hätte sich zweifellos besser gestaltet; daher werden wir auch mit dir kein Mitleid haben, wenn es dir schlecht geht«. Diese Verachtung trifft nicht nur immer noch die sozial Schwachen aller Art, sondern auch die psychisch Anfälligen und leicht Verwundbaren.
Das Psychische wird ja überhaupt in einer Welt, die das Materielle zunehmend zum Maßstab des Erfolges macht, entwertet und herabgesetzt. Es entspricht durchaus dieser Einstellung, auch jede Behandlungsform von psychisch Kranken (ebenso wie den Behandler) lächerlich zu machen. Psychische Hilfe zu benötigen, etwa zum Psychotherapeuten gehen zu müssen, wird als ein Zeichen der Schwä-

che bewertet; der Starke bedarf ihrer nicht und verachtet diejenigen, die von ihr abhängig sind. Solche Menschen werden teils als Simulanten, die sich durch vorgetäuschte Krankheiten Vorteile zu verschaffen suchen, teils als »arme Irre«, jedenfalls als Menschen »minderer Qualität« abgetan. In einem durch nichts zu rechtfertigenden Hochmut gehen solche »Richter« von der irrigen Annahme aus, als seien sie auf alle Fälle gegen ein ähnliches Schicksal gefeit.

Überall dort, wo der »Versager« lächerlich gemacht wird, tritt als typische Folge eine Tendenz bei ihm ein, den eigenen Jammer vor der Welt zu verbergen, die Konflikte zu verheimlichen: man bekennt nicht die eigene Not, wenn man das Gefühl hat, dafür nicht nur kein Verständnis, sondern im Gegenteil Verachtung zu finden. Unter diesen Umständen wird es nicht wunder nehmen dürfen, wenn die Angehörigen der Gruppen eines erhöhten Selbstmord-Risikos wenig Chancen haben, aus ihrer inneren Isolierung herauszukommen und damit jene positive Aufmerksamkeit der anderen zu erwecken, die eine erste Voraussetzung für ihre Rettung wäre.

Bezeichnend ist in diesem Zusammenhang die Einstellung, die in der Bevölkerung gegenüber Selbstmordgefährdeten und Selbstmördern im Durchschnitt besteht. Es fängt schon damit an, daß man auch heute noch in weiten Bevölkerungskreisen damit rechnet, ja es sogar fast verlangt, ein Mensch solle in bestimmten Situationen Selbstmord begehen. Bei einigen primitiven Stämmen erwartet man das z. B. von jeder Frau, die unehelich schwanger geworden ist; es wäre aber ein Irrtum, zu glauben, daß man in unterentwickelte Länder gehen muß, um solche Phänomene zu studieren. Der folgende Witz, der vor einiger Zeit in einem Nachrichtenblatt zeichnerisch dargestellt war, gibt in prägnanter Weise den Versuch wieder, die Position eines »zum Selbstmord verurteilten Menschen«, auf einen anderen, schwächeren zu übertragen: Ein Kapitän schickt sich an, sein sinkendes Schiff zu verlassen und sagt zu einem kleinen Schiffsjungen, der schlotternd neben ihm steht: »Joe, das ist ein großer Tag in Deinem Leben: ich ernenne Dich zum Kapitän.«

Oft reichen solche Verhaltensweisen bis zur direkten Aufforderung, sich umzubringen. Es heißt dann etwa: »Du bist ja viel zu feig, um es wirklich zu tun«; eine Bemerkung, die schon viele Menschen gegen ihren innersten Wunsch dazu gezwungen hat, ihren »Mut zum Selbstmord« unter Beweis zu stellen. Wir alle haben wahrscheinlich keine Ahnung, wie oft wir uns durch leichtsinnige Worte am Tode von Mitmenschen schuldig machen. Beispiele aus dem Material des Verfassers mögen dies illustrieren:

Ein 45jähriger Mann hatte einen Selbstmordversuch mit Leuchtgas unternommen, war aber rechtzeitig entdeckt worden; von einer Krankenhauseinweisung wurde Abstand genommen, der Suizid-Versuch verheimlicht. Später sagte die Frau zu ihm: »Ein richtiger Mann müßte das schon so machen können, daß es gelingt und daß keine Möglichkeit für Rettung besteht.« Wenig später ertränkte sich der Mann in einem einsamen Badeteich; die Frau entwickelte dann eine schwere Depression.

Eine 40jährige Patientin, jahrelang an Asthma bronchiale leidend und in den letzten Monaten völlig arbeitsunfähig, kam mit einem äußerst schweren Selbstmordversuch in ein Entgiftungszentrum. Nach ihrer Rettung berichtete sie, daß der Gatte vier Wochen früher etwa in folgendem Sinne zu ihr gesprochen habe: »Als ich im Krieg in russische Gefangenschaft kam, da habe ich mir vorgenommen, Selbstmord zu begehen, wenn ich in der Gefangenschaft zum Krüppel werden sollte, denn man kann einem Menschen nicht zumuten, mit einem Krüppel durch längere Zeit zu leben.«

Aus dem Abschiedsbrief eines 47jährigen Selbstmörders: ». . . Man hat mir gesagt: Warum räumst Du Dich nicht weg, wenn Du so ein unglückliches Leben führst? Jetzt tue ich es eben . . .«

Anonymer Brief an eine Patientin, die eine Selbstmordhandlung gesetzt hatte, welche nur geringe körperliche Folgen zeitigte: »Liebes Fräulein, du Hurenkrampen! Da hast du Tabletten, du Schlampe. Friß sie zusammen, damit du auch bestimmt hin bist. Das wolltest doch, nicht Theater spielen. Viel Vergnügen zur Himmelfahrt. Da hast die Tabletten, friß sie zusammen, damit du auch bestimmt hin bist, das wolltest doch!« (Georg Kreisler: »Alle wollen nur die Leiche«.)

In solchen krassen Fällen dürfte die Formulierung berechtigt sein, daß von den Angehörigen eine Art von Todesurteil verhängt wird (Georg Kreisler: »Geh doch fort und stirb!«). Aber auch nach einem erfolgten Selbstmord bleibt die Einstellung weiterhin unmenschlich, wie aus den folgenden, gar nicht so selten in der Bevölkerung zu hörenden

Äußerungen zu entnehmen ist: »Die sind selber Schuld, die haben nur bekommen, was sie wollten«, »wer reisen will, den soll man nicht halten«, »die sind alle verrückt, der einzige Ausweg wäre, sie für immer einzusperren«, »die haben es jetzt gut, die haben alles hinter sich«. Wenn es sich um einen jungen Menschen gehandelt hat: »Dem ist es zu gut gegangen, er hat aus Übermut Selbstmord begangen«, oder bei einem Alten: »Der hätte sowieso nicht lange mehr zu leben gehabt«.
In dieser Situation kann die Selbstmordverhütung als eine Gegenkraft bezeichnet werden, die zu einer Aufwertung jedes einzelnen Menschenlebens, gleichgültig unter welchen Umständen es sich abwickelt, führt. Denn vor der Selbstmordverhütung ist jeder gleich viel wert, schon allein damit erweist sie sich als ein enorm humanitäres Anliegen. Die Vermutung erscheint berechtigt, daß durch größere Achtung und Beachtung dieser unterprivilegierten Gruppen, durch intensivere Zuwendung der Gesellschaft zu ihnen ihre Selbstmordquote automatisch sinken und eine spezielle Selbstmordprophylaxe sich bis zu einem gewissen Grade erübrigen würde. Das eindrucksvolle negative Beispiel Japans (dort waren Selbstmorde alter Menschen in jener Zeit, wo diese Altersklasse hohes Ansehen genoß, nahezu unbekannt, während ab 1945 zugleich mit der gesellschaftlichen Abwertung ihre Selbstmordrate sprunghaft anstieg – allein in Tokio hat sich die Zahl der über 60jährigen Selbstmörder in den letzten 10 Jahren verdoppelt!) sollte sich bei einigem guten Willen auf diesem und anderen Gebieten ins Positive umkehren lassen.

Ungenügende Kenntnis über das Selbstmordproblem

Man kann sie manchmal sogar als ausgesprochene Unwissenheit bezeichnen. Das hängt wesentlich damit zusammen, daß unsere offizielle Information über diesen ganzen Fragenkomplex teilweise sehr mangelhaft, teilweise wieder von verschiedenen falschen Haltungen gegenüber dem Selbstmord beeinflußt ist bzw. in ihrem Dienst steht. Als solche sind anzuführen:

1) Die tabuisierende Haltung

Vielfach herrscht eine Tendenz, den Selbstmord in offiziellen Aussendungen totzuschweigen; man rechtfertigt eine solche Haltung heuchlerisch damit, daß man alles tun möchte, um anfällige Menschen nicht auf den Gedanken zu bringen, Selbstmord zu begehen. In der Tat kann es geschehen, daß die Besprechung dieses Themas irgendwo einen Selbstmord auslöst, es wird aber dabei geflissentlich übersehen, für wie viele eine solche Information auf der anderen Seite im Wortsinn zur Rettung wird. Auch viele Einzelpersonen stehen unter dem Einfluß dieses Tabus: es gibt Menschen, die sich konsequent weigern, das Wort Selbstmord auszusprechen; andere schämen sich dessen, daß ein Selbstmord in der eigenen Familie »passiert« ist und versuchen, es den Kindern zu verschweigen, bis diese schließlich doch von »wohlwollenden Nachbarn« aufgeklärt werden; daß eine solche plötzliche Information dann gewöhnlich mit einem Vertrauensverlust gegenüber den Eltern verbunden ist, macht sie nur noch gefährlicher. Hinter jeder tabuisierenden Haltung steht wohl in Wirklichkeit Verdrängung, die echte Information ebenso verhindert wie die Möglichkeit, sich mit dem ganzen Problem verantwortungsbewußt auseinanderzusetzen.

2) Die gleichgültige Einstellung

Sie bemüht sich, den Selbstmord in den Bereich des Privaten abzuschieben, in den man sich nicht einmischen dürfe. Diese Haltung übersieht einerseits konsequent die Tatsache, daß soziale Faktoren, vor allem gesellschaftspolitischer Art, aus der Suizidfrage nicht ausgeschaltet werden können. Andererseits ist sie wohl auch Ausdruck der bereits geschilderten gestörten zwischenmenschlichen Beziehungen.

3) Die Verurteilung des Selbstmordes

Auch hier blicken wir auf eine lange Tradition zurück, die den Selbstmord als Sünde, ja sogar als staatlich verfolgtes

Verbrechen unter kirchliche und weltliche Strafen stellte. Heute erleben wir, wie bereits erwähnt, glücklicherweise das Ende dieser im Grunde angstbesetzten Haltung.

4) Die den Selbstmord fördernde Einstellung

Sie geht einerseits zurück auf eine lange philosophische Tradition, die, etwa mit dem Stoizismus, den Akt des Selbstmordes verherrlicht. Erwähnt werden muß hier aber andererseits auch die indirekte Förderung des Selbstmordes, etwa durch verantwortungslose sensationslüsterne journalistische Berichte. Solche Artikel, womöglich mit Foto eines Hochhauses unter der Bezeichnung jener Stellen, wo der Sprung stattfand und wo der Körper aufschlug, sind wirklich geeignet, anfällige Menschen zu einer Nachahmung zu verleiten und bestimmte Punkte (z. B. Brücken, Türme usw.) zu ausgesprochenen »Selbstmordplätzen« zu machen. Niemandem wird es deswegen einfallen, die Zuflucht wieder zu einer Tabuisierung nehmen zu wollen: es ist vielmehr ein Mittelweg anzustreben, der Unterdrückung der Selbstmordproblematik ebenso vermeidet wie sensationelle Übertreibung und sich zu einer sachlichen Auseinandersetzung und Diskussion bekennt.

VIII. Die Aufgabe der Schulerziehung
Ein Beispiel

Um den einzelnen wie die Gemeinschaft im Dienste der Selbstmordverhütung mehr in Erscheinung treten zu lassen, wäre es also nötig, die zwischenmenschlichen Beziehungen zu verbessern, die Vorurteile gegenüber benachteiligten und psychisch anfälligen Menschen abzubauen und an die Stelle von Unwissenheit über das Selbstmordproblem sachliches Wissen zu setzen. Betrachtet man alle diese Aufgaben, so wird man erkennen, daß der Mensch schon frühzeitig für ihre Bewältigung erzogen werden muß und somit bereits der Schule die Position eines wichtigen Vorpostens für die Realisierung der Selbstmordverhütung zukommt.
Es muß an dieser Stelle mit Nachdruck gesagt werden: ohne eine ganz neu orientierte Schule wird es nicht möglich sein, Menschen heranzubilden, die sich mehr als bisher ihren sozialen Aufgaben verpflichtet fühlen.
Im folgenden einige Hinweise darauf, wie es der Schule möglich sein könnte, die vorhin genannten drei Hauptgründe, die zum Versagen des einzelnen im Dienste der Selbstmordverhütung führen, auszuschalten.

Gestörte zwischenmenschliche Beziehungen

Hier geht es darum, eine Schule zu fördern, die zwischenmenschliche Beziehungen aufbaut und vertieft. Wir müssen Abschied nehmen von einer einseitig intellektuell ausgerichteten Schule, welche die Gefühlswelt gröblich vernachlässigt. Daß die sogenannten »gescheiten Menschen« charakterlich totale Versager sein können, hat dieses Jahrhundert tragisch genug bewiesen.
Im Mittelpunkt der emotionalen Entwicklung des Schülers muß ein gutes Verhältnis zum Lehrer stehen. Das setzt voraus, daß er ein gutes Vorbild ist, welches sich außerdem

dem jungen Menschen liebevoll zuwendet. Zu dieser Hinwendung gehört essentiell auch die Ermutigung; in der heutigen Schule erfolgt statt dessen nur allzu oft eine Entmutigung des Schülers; es wird ihm bei jeder Gelegenheit der Eindruck vermittelt, daß er nichts kann, ein Niemand ist, keine Chancen hat, sich jemals mit dem großen allwissenden Erwachsenen messen zu können. Jüngst hat ein Patient zu einem seiner Träume, in dem ein paar Raubvögel zum Himmel aufstiegen, folgende Assoziation gebracht: »Der Lehrer hat immer zu mir gesagt, daß ich Hände wie ein Raubvogel habe.« Bei einer solchen Erziehungsmethode muß das Selbstwertgefühl, auf dessen Bedeutung für die Selbstmordverhütung bereits eindringlich hingewiesen wurde, ebenso leiden wie die Lehrer-Schüler-Beziehung als ein entscheidendes Modell zwischenmenschlicher Beziehungen überhaupt.
Jede Schulklasse stellt das Urbild einer Gruppe dar, es wäre daher notwendig, Erziehung immer als Gruppenerziehung aufzufassen und dementsprechend alle Probleme in der Gruppe gemeinsam zu besprechen und zu meistern. Zweifellos benützt die Schule von heute nur in Ausnahmefällen diese großartige Möglichkeit, eine entscheidende Weichenstellung dafür zu vollziehen, daß Menschen nicht wie Serien nebeneinander, sondern wie Gruppen miteinander leben.

Falsche Einstellung zum Außenseiter und Schwachen

Hier wäre es zuerst einmal nötig, die Erkenntnis von der eigenen Schwäche, vom »Schatten in uns« (Jung) zu vermitteln. Hat einmal eine Ermutigung zum positiven Selbstwertgefühl stattgefunden (siehe früher), so kann ohne Bedenken auch die Einsicht von der persönlichen Anfälligkeit gefördert werden. Dieses »Minus« sollte dem einzelnen nicht vorwurfsvoll vorgehalten werden, er soll es selbst entdecken und akzeptieren können. Das Annehmen der eigenen Schwäche würde jedenfalls – im Gegensatz zu jener Verdrängung, die in einer Schule provoziert wird, welche Stärke zum Ideal erhebt – bessere Voraussetzungen

dafür schaffen, daß man die Schwachen achtet und sich ihnen liebevoll zuwendet.
Dabei käme es auch zu dem so notwendigen Versuch, die eigene Aggressivität einigermaßen zu meistern – Erziehung zum Frieden ist leider kaum irgendwo gefragt, und doch wird sie angesichts der neuen Vernichtungsmittel, die der Mensch entdeckt hat, vielleicht zur wichtigsten Aufgabe der Zukunft, zur Chance fürs Überleben schlechthin. Echte Aggressionsmeisterung ist zugleich ein entscheidender Beitrag zur Selbstmordverhütung. Es geht also zusammenfassend um Einsicht in die eigene Schwäche, Verständnis für die Schwäche des anderen, gruppendynamische Diskussion dieser Problematik, Kontrolle der eigenen Emotionen, Entwicklung von Gemeinschaftsgefühl, welches sich in mitmenschlicher Verantwortung ausdrückt. Ideale Ziele wären: Keine gleichgültigen Zuschauer, kein alleingelassenes Opfer, kein Freibrief für Aggression.

Ungenügende Kenntnis über das Selbstmordproblem

Schon die Schule sollte besseres Wissen über die Selbstmordproblematik vermitteln. Im gegenwärtigen Augenblick kann die Schulinformation auf allen Gebieten nur als sehr begrenzt und beschränkt bezeichnet werden, weil immer noch die Tendenz herrscht, vom Schüler lediglich eine Rekapitulierung jenes Wissens zu verlangen, das ihm nach oft sehr subjektiven Gesichtspunkten vorgesetzt wird. Nötig wäre aber die Ermutigung schon des Kindes zu selbständigem Denken und zu persönlicher Verantwortung, natürlich auch zur Entwicklung eines persönlichen Gewissens, welches nicht nur die Summe der von den verschiedenen Autoritäten vermittelten Gebote und Verbote darstellt, denn »die Moral, die gut genug war für unsere Eltern, ist nicht gut genug für unsere Kinder« (Ebner-Eschenbach). Alles sollte zur Diskussion gestellt werden, damit wirklich *neue* Menschen heranwachsen können. Wir alle sind ja nichts als Stafettenläufer, die sich bereit machen müssen, das Erkannte anderen, jüngeren zu übergeben, die dann selbst sehen müssen, ob das Übernommene auch für sie Bestand haben kann.

Die Anregung zu selbständigem Denken könnte primär der Selbstmordprophylaxe zugute kommen: es wurde im ersten Teil auf jene Menschen hingewiesen, die eingetretene Schwierigkeiten panikartig neurotisch beantworten und die Krise durch eine suizidale Kurzschlußreaktion »lösen«. Die Erfahrung lehrt, daß einer solchen Handlung insbesondere der Weg geebnet wird, wenn in der Erziehung kein Training zur Selbständigkeit stattgefunden hat. Dabei wird die Gefahr einer fehlerhaften elterlichen Einstellung, welche als Ausdruck falscher Güte den Kindern jede Belastung zu ersparen, jede Schwierigkeit aus dem Weg zu räumen trachtet, ebenso offenkundig wie die eines Schulsystems, welches Abhängigkeit fördert und fixiert: das Resultat ist ein im »kritischen Moment« hilfloser Mensch.
Aber auch indirekt würde die Selbstmordverhütung von einem neuen Schulsystem, welches die Anregung der Schüler berücksichtigt, profitieren. Bei Heranwachsenden besteht ein besonderes Interesse für psychische Probleme – es wird in den seltensten Fällen durch den Lehrplan befriedigt; wie jüngst eine Umfrage in der Schweiz ergeben hat, wird auch bessere Aufklärung über die Selbstmordproblematik gewünscht. Es wäre durchaus denkbar, daß durch eine solche Konfrontation eine neue Generation dazu angeregt würde, eigene Gedanken auch zu diesem wichtigen psychohygienischen Thema zu entwickeln, die einen Beitrag zu einem neuen »Realitätsprinzip der Zukunft« (Hakker) darstellen könnten. Vergessen wir nicht: jeder Fortschritt hat damit begonnen, daß irgendjemand sich etwas vorstellte, was bisher für die anderen unvorstellbar war. Unsere Generation ist noch ohne diesbezügliche Information, gleichsam »ahnungslos« aufgewachsen, wir sind auf diesem Gebiete nicht erzogen worden und haben dennoch vielleicht eine Mahnung verspürt, daß es nötig sei, die eigene Herzensträgheit zu überwinden und die Selbstmordgefährdeten nicht sich selbst zu überlassen. Unter Berücksichtigung dieser Entwicklung wird niemand leugnen dürfen, daß durch eine Wandlung des Erziehungssystems neue Möglichkeiten auf dem Gebiete der Selbstmordverhütung (wie auch auf vielen anderen) erschlossen werden könnten, die heute noch für uns unvorstellbar sind.

IX. Antisuizidale ärztliche Therapie

Im ersten Teil wurde darauf hingewiesen, daß es heute bereits eine spezifische antisuizidale ärztliche Psychotherapie gibt. Ihre Grundelemente sollen erst hier umrissen werden, weil sich daraus direkt die Möglichkeiten ableiten lassen, die der Mitmensch im Umgang mit Selbstmordgefährdeten hat. Die *Psychotherapie* selbstmordgefährdeter Patienten schenkt den folgenden 4 Punkten besondere Beachtung:

Die Bedeutung der Bindung an den Therapeuten

Es kommt hier, mehr noch als in jeder anderen Psychotherapie, auf eine intensive und wirklich tragfähige Arzt-Patienten-Beziehung an. Die Erfahrung lehrt, daß man einen selbstmordgefährdeten Patienten im allgemeinen in jenem Moment nicht mehr verliert, in dem eine solche Beziehung aufgebaut ist. Stellt sie doch den ersten Schritt zur Beseitigung der entscheidenden Einengung der zwischenmenschlichen Beziehungen dar und schlägt damit eine primäre Bresche in den Ring der präsuizidalen Einengung, der um den Patienten liegt.

Aggressionsverarbeitung

Wir haben bei der Besprechung der Phänomenologie des präsuizidalen Syndroms auf die verhängnisvolle Rolle der Aggressionshemmung und der Umkehr der gehemmten Aggression gegen die eigene Person hingewiesen. Daraus folgt, daß die Selbstmordgefahr in dem Maße abnimmt, in dem es gelingt, den Patienten zum Ausdruck und damit zu einer Entladung seiner angestauten Aggressionen zu bringen. Die Erfahrung lehrt, daß jedes Abreagieren, zumindest für den Moment, zu einer ausschlaggebenden Verminderung der suizidalen Tendenz führt. Auf längere Sicht geht es natürlich dann darum, die Ursachen des Aggressionsdruckes aufzudecken und langsam abzubauen.

Ermutigung zu Erfolgserlebnissen

Es muß eine positive Entwicklungskette in Gang gesetzt werden; nicht nur die Entmutigung, sondern auch die Ermutigung kann eine Eigendynamik in dem Sinne auslösen, daß ein Erlebnis zur Grundlage und Voraussetzung des nächsten, in diesem Falle bereits einen Schritt weiter vorwärts führenden, wird. Aller Anfang ist natürlich schwer, daher muß die Devise lauten: Beginn mit einer Politik der kleinen Schritte. Ziel der Therapie ist es, den Patienten vor lösbare Aufgaben zu stellen und durch kluges Arrangement deren Bewältigung zu fördern. Eine Überforderung soll unter allen Umständen vermieden werden, damit das verhängnisvolle »Alles-oder-Nichts-Prinzip« überwunden wird, welches oft gerade die neurotischen Patienten beherrscht. Sie haben übertrieben hochfliegende Wünsche, deren Realisierung dementsprechend unmöglich ist, und geben dann alle Bemühungen und alles Ziele-Setzen überhaupt auf. Eine gewisse Bescheidenheit muß also gelernt werden, um die Stufenleiter der Erfolgserlebnisse langsam aufzubauen. Man könnte dahingehend zusammenfassen: Gestützt auf das Vertrauen zum Therapeuten und basierend auf einer Analyse der Ursachen des bisherigen Fehlverhaltens muß ein aktiv handelndes Prinzip in die Therapie eingeführt werden, welches der Überwindung der Passivität dient. Folgende Resultate können sich dabei nach und nach einstellen: Neue Verhaltensweisen, Überwindung der früheren Einförmigkeit der Erlebnisse, Erweiterung des Lebensraumes, Verbesserung bestehender und Erschließung neuer zwischenmenschlicher Beziehungen sowie neuer Wertbereiche, zunehmende Aufgeschlossenheit, Beseitigung der »eingeengten Stimmung«, Atmosphäre der Zuversicht.

Selbstmordgedanken als Ausdruck einer psychischen Störung können direkt, d. h. indem man sie dem Betreffenden »auszureden« versucht, nur schwer überwunden werden, sondern eigentlich nur indirekt, nämlich durch im Rahmen der psychischen Besserung entstehende Fantasien, welche sich mit positiven zukünftigen Möglichkeiten beschäftigen. Es ist ja gewöhnlich das Vakuum hinsichtlich attraktiver Zukunftspläne, welches erst Selbstmordfantasien gestattet, sich auszubreiten und schließlich übermächtig zu werden. Die Erfahrung lehrt, daß es immer sehr beruhigend ist, wenn ein selbstmordgefährdeter Patient von sich aus zu erzählen beginnt, was er in nächster oder in näherer Zukunft zu unternehmen gedenkt. In diesem Sinne scheint es therapeutisch entscheidend, die Fantasie anzuregen, sich mit möglichst vielen Details der weiteren Lebensgestaltung intensiv zu beschäftigen.
Nachdem die Grundsätze einer ärztlichen antisuizidalen Therapie kurz geschildert worden sind, zwei unmißverständliche Feststellungen:

1) Der Selbstmordgefährdete ist fast immer psychisch krank, er benötigt daher ärztliche, vor allem psychiatrische und psychotherapeutische Behandlung; es versteht sich von selbst, daß für eine solche der Laie auf die Dauer als »Ersatz« nicht einspringen kann.

2) Dennoch kann jeder Mensch eine wichtige Rolle im Dienste der Selbstmordverhütung spielen, auf die wir im folgenden Kapitel eingehen wollen.

Jeder zugewendete Mitmensch kann (natürlich in den ihm gesteckten Grenzen) eine ähnliche Haltung einnehmen wie der gute Arzt, d. h.: Er muß für den Gefährdeten da sein, darf ihn weder moralisch noch praktisch im Stich lassen, muß im kritischen Moment bei ihm bleiben und ihm die ganze Unterstützung einer echten mitmenschlichen Beziehung zuteil werden lassen. Er hat ferner die (sicherlich ebenfalls nicht leichte) Aufgabe, sich ihm als Objekt der Aggressionsentladung zur Verfügung zu stellen (niemand sollte sagen: »Dafür bin ich mir zu gut«) und gleichzeitig den Versuch zu machen, seine Gedanken in positive Richtung zu lenken, ihm Erfolgserlebnisse zu vermitteln. Vor kurzem hat Michael *Heltau* auf einer neuen Platte auch das Lied »Franz« interpretiert, welches einen selbstmordgefährdeten Menschen, eben den Trinker »Franz«, zur Darstellung bringt (übrigens mit einer Musik, die genau seinen präsuizidalen Status wiedergibt) und gleichzeitig zeigt, wie ein Freund versucht, in fachgerechter Form die Rolle des Selbstmordverhüters zu übernehmen.

Schau, Franz, i bin bei dir; bist da du denn net zu schad? Laß di net anfach so falln, nur weil's di anglahnt lassen hat, de blede, blonde Schnalln, drahst du jetzt durch, du Depp. Schau, Franz, i bin bei dir; du machst uns a scheene Schand. Da bleib'n de Leut scho(n) steh(n) und sag'n: Na, der is scheen beinand! Der so a Schnalln verliert, dem ist do nix passiert!
Schau, Franz, i bin bei dir; bleib da net lieg'n, steh auf! Was soll denn da draus werd'n? Auf da Gassn kannst do net plärrn! Tua weida, Franz, kumm, kumm.
Franz, i hab do(ch) no a Geld, des bring ma unter d'Leut; da drüb'n in Nachtcafé, kumm Franz, kumm, kumm. I hab wirkli(ch) no a Geld, und wann uns des net reicht – wurscht, dann mach ma halt an Schmäh. Was essn wa(r) net schlecht, a Schnitzl mit pommfrits, vielleicht sogar

a zweit's dazua an scheenen Wein. Wannst dann no traurig bist dann reiss ma uns was auf, wei(l) Katzn gibt's da gnua, mir bratn uns a ei(n). Dann sing ma mitanand und laut, was uns grad gfallt, heut bau ma uns no auf! Mir san no net am Sand! Kumm, gib ma de Hand.
Schau, Franz, i bin bei dir; jetzt mach ka große Schau, da stehn scho(n) d'Leut und sagn: Na, der ist scheen beinand! Wachs da net an und geh, es is scho(n) höchste Zeit!
Schau, Franz, i bin bei dir; vergiß de Traurigkeit und mach da jetzt kan Lärm und sei a bissl gscheit. Wer hängt si' denn scho(n) auf? Vergiß do jetzt auf's Sterbn!
Schau, Franz, i bin bei dir; mir könnan da net bleibn, wei(l) uns da de vertreibn. Also wan net mehr – steht do net dafür, also kumm, Franz, kumm!
Franz, da drübn im Café, da spielt a Pianist, gar net so schlecht; oder gemma halt spazier'n, wannst net so bsoffn bist – geht's da besser? Hab i recht, Franz?
Ha! Dann werd'n de Vögerln wach und du machst wia vor Jahrn die Vogelstimmen nach! Die Vögerln werd'n schaun, Franz, geh, mach des, kumm!
Wannst dann no traurig bist, dann red ma von dem Geld, das du demnächst verdienst und wia ma 's aussehaun. Dann sing ma mitanand und laut, was uns grad gfallt, so hab'n ma 's immer gmacht, Franz, wie mia in bessern Jahrn no net nur bsoffn warn. Also jetzt steh auf, Franz, tua weida, Franz kumm . . .

Michael Heltau, Statt zu reden, Polydor 2376 010
Text: Werner Schneyder
Musik: Jacques Brel. Deutsche Rechte bei
Montana, München.

Der Leser wird unschwer hier alle Kriterien dieses richtigen antisuizidalen Verhaltens wiedererkennen: das »Nicht-im-Stich-Lassen«, bei dem Gefährdeten Bleiben, den Versuch, mit ihm ins Gespräch zu kommen, seine feindseligen Gefühle irgendwie zur Abreaktion zu bringen, die Fantasie in positivem Sinn auf Zukunftsziele zu fixieren; besonders eindrucksvoll ist der Versuch, den Gefährdeten zu bewegen, die Vogelstimmen nachzumachen: hier sehen wir deutlich die Bemühung, die präsuizidale Werteinengung und -verarmung zu durchbrechen.

Wie schon gesagt, mit allen seinen Bemühungen wird der Laie die ärztliche Hilfe nicht entbehrlich machen, aber von seinem richtigen Verhalten im richtigen Moment wird es oft abhängen, ob der Arzt überhaupt Gelegenheit bekommt, sich der Selbstmordgefährdeten annehmen zu können. Und schließlich darf man nicht vergessen, daß auch heute noch in weiten Gegenden ein entsprechend geschulter Arzt nicht zur Verfügung steht und andererseits bestimmte Menschen jede ärztliche Hilfe hartnäckig ablehnen: In diesen Fällen bleibt der mitmenschliche Beistand (die Samaritaner nennen es »Befriending«) der einzige Rettungsanker.

Die Beitragsleistung jedes einzelnen Menschen zur Selbstmordverhütung läßt sich so zusammenfassen:

1) Wachsamkeit (aufgrund entsprechender Information) und Bereitschaft zu mitmenschlicher Verantwortung.

2) Beistehen in der Krise durch möglichst intensive Anwesenheit (Valéry: »Für den Selbstmörder bedeutet jeder andere nur Abwesenheit«). Der große russische Dichter Sergej A. Jessenin ergriff nach einer Abendgesellschaft im Jahre 1925 die Hand seines besten Freundes und flüsterte ihm mit rauher Stimme zu: »Geh nicht weg, bleib bei mir, ich kann nicht schlafen, ich habe solche Angst. Ich will Gedichte lesen, die ganze Nacht, wenn Du willst, oder Du kannst Dich hinlegen, wenn Du willst, nur bleibe bei mir, laß mich nicht allein!« Der Freund sagte, er könne nicht bleiben, er werde morgen in aller Frühe wiederkommen, Sergej solle sich doch zusammennehmen. Sergej blieb allein zurück, gab später dem Hotelportier Befehl, keinen Menschen zu ihm vorzulassen (!), und wurde am nächsten Morgen erhängt und mit geöffneten Pulsadern aufgefunden.

3) Weitervermittlung der Selbstmordgefährdeten an jene Stellen und Institutionen, welche für sie zuständig sind (vergl. den ersten Teil).

4) Persönlicher Einsatz zur Förderung eines antisuizidalen

Klimas. Dazu gehört: Eingehen auf den Anderen, Verständnis für seine Schwächen, Bereitschaft zum Gespräch, keine leichtfertige Förderung des Selbstmordgedankens durch unüberlegte eigene Worte oder Handlungen. Wirklich in den Dienst der Selbstmordverhütung treten zu können hat auch zur Voraussetzung, daß man sein eigenes Selbstmordproblem gelöst hat. Nur derjenige, der es bei sich nicht verleugnet, es aber gleichzeitig unter Kontrolle bringt, wird eine glaubhafte Legitimation als Voraussetzung einer positiven Ausstrahlung mitbringen.

5) Sachliche Einstellung zum Selbstmord. Sie nimmt das Phänomen des Selbstmordes zur Kenntnis, ist realistisch genug zu wissen, daß es nicht völlig aus der Welt geschafft werden kann; versucht, so gut es bei dem gegenwärtigen Stand des Wissens möglich ist, die verursachenden Faktoren zu analysieren und zu verbessern; leitet schließlich aus der Synthese zwischen Wissen und mitmenschlichem Empfinden die Verpflichtung ab, alles nur Erdenkliche zu tun, um Selbstmord zu verhüten.

Mehrmals wurde hier zu zeigen versucht, daß wir in der Verwirklichung selbstmordverhütender Maßnahmen noch weit vom Ideal entfernt sind, eine große Diskrepanz besteht zwischen dem, was die Wissenschaft in der Theorie erkannt und was praktisch verwirklicht ist: insbesondere fehlen oft Suizidverhütungszentren, Psychotherapeuten, entsprechend geschulte Ärzte, auch soziale Ungerechtigkeiten bezüglich der Erreichbarkeit solcher Hilfe bestehen noch. Es liegt in dieser Situation an jedem einzelnen, sich stark zu machen für die Erfüllung solcher Forderungen, die man wirklich als Grundrechte des Menschen bezeichnen kann.

XI. Verantwortung der Gesellschaft

Von der Verpflichtung, in den Dienst der Selbstmordverhütung zu treten, wird nicht nur jeder einzelne, sondern auch die Summe aller Individuen, die Gemeinschaft, die Gesellschaft, erfaßt. Stimmt die Feststellung Adlers: »Der Streich, der den Selbstmörder trifft, läßt andere nicht unverschont. Die vorwärtsstrebende Gesellschaft wird sich immer durch Selbstmord verletzt fühlen«? Und wenn sie sich verletzt fühlt: wird sie bloß beleidigt reagieren oder doch erkennen, daß mit jedem einzelnen auch ein Teil der Gemeinschaft stirbt? So schwer das einzelne Individuum zu seinem Beitrag zur Selbstmordverhütung aufzurütteln ist, noch schwerer sicherlich die Gemeinschaft. Dennoch muß es immer wieder gesagt werden: Selbstmordverhütung kann nicht nur Sache einzelner sein, als ein eminent psychohygienisches Problem geht sie auch alle offiziellen Stellen, also die sogenannten »Behörden« an, die sich ihrer diesbezüglichen Verantwortung nicht werden entziehen können. Wenn Selbstmordverhütung ein öffentliches Anliegen ist, kann man sie auf die Dauer nicht nur privaten Initiativen überlassen (wie das z. B. in Wien der Fall war, wo die Selbstmordverhütung seit dem Jahr 1949 in den Händen der Caritas, nämlich ihrer Lebensmüdenfürsorge, liegt und von ihr vorbildlich durchgeführt worden ist), sondern muß sie auch staatlich unterstützen. Mit einigem Stolz darf der Verfasser in diesem Zusammenhang daran erinnern, daß die gegenwärtige Regierung Österreichs, wohl als erste in der Welt, die Selbstmordverhütung ausdrücklich als staatliche Verpflichtung anerkannt hat – wir sind in ihrem Auftrag dabei, das erste staatliche Institut für Selbstmordverhütung aufzubauen, das hoffentlich als Modell für viele andere Länder dienen wird.

Alles in allem: Man muß aufhören, die Schuld immer beim anderen zu suchen, um sich selbst für gerechtfertigt zu halten. Der einzelne darf sich nicht länger auf die Gesellschaftsstruktur ausreden, die an allem Unglück schuld sei, und die Gesellschaft wiederum muß damit Schluß machen, sich nach Art unerreichbarer Behörden für diese Problematik als »unzuständig« zu erklären. Aus einem Gegeneinander muß ein Miteinander unter der Devise von Kästner werden:

ES GIBT NICHTS GUTES
AUSSER – MAN TUT ES.

XII. Literatur in Auswahl

Adler, A., Menschenkenntnis, Fischer, 1970

Andics, H., Über Sinn und Sinnlosigkeit des Lebens, Gerold 1938

Dubitscher, F., Suicid, Thieme 1957

Dubitscher, F., Lebensschwierigkeiten und Selbsttötung; Beratung und Vorbeugung, Thieme, 1971

Erikson, E. H., Kindheit und Gesellschaft, Klett, 1965

Farberow, N./E. Shneidman, The crie for help, Macgraw-Hill, 1961

Freud, S., Gesammelte Schriften, Fischer Bücherei, ab 1960

Gruhle, H., Selbstmord, Thieme, 1940

Henseler, H., Narzißtische Krisen – Zur Psychodynamik des Selbstmordes, Rowohlt, 1974

Linden, K., Der Suicidversuch, Enke, 1969

Menninger, K., Man against himself, Harcourt Brace, 1938

Pöldinger, W., Abschätzung der Suicidalität, Huber, 1968

Ringel, E., Der Selbstmord, Maudrich, 1953

Ringel, E., Neue Untersuchungen zum Selbstmordproblem, Hollinek, 1961

Ringel, E., Selbstmordverhütung, Huber, 1969

Schultz-Henke, H., Der gehemmte Mensch, Thieme, 1940

Stengel, E., Selbstmord und Selbstmordversuch, Fischer 1969

Thomas, K., Handbuch der Selbstmordverhütung, Enke, 1964

Thomas, K., Menschen vor dem Abgrund, Wegner, 1970

Zwingmann, Ch., Selbstvernichtung, Akademische Verlagsgesellschaft, 1965

XIII. Anhang: Wer hilft wo?

Internationale Vereinigung für Selbstmordprophylaxe

Zentrales Administrationsbüro:
Severingasse 9, A-1090 Wien/Österreich

Nationaler Repräsentant für die Schweiz:
Dr. Thomas Haenel
Kantonsspital Basel, Petersgraben 4
CH-4051 Basel

Nationaler Repräsentant für die BRD:
P. D. Dr. med. Hans-Ludwig Wedler
Allgemeines Krankenhaus Ochsenzoll
Langhorner Chaussee 560
D-2000 Hamburg 62

Nationaler Repräsentant für West-Berlin:
Frau Ellen Balaszeskul
Humperdinckstraße 15
D-1000 Berlin 46

Nationaler Repräsentant für die DDR:
Prof. Dr. Ehrig Lange
Akademie »Carus«
Fetscher Straße 74
DDR-8019 Dresden gemeinsam mit

Prof. Dr. Karl Seidel
Nervenklinik der Humboldt Univ.
Schuhmannstr. 20/21
DDR-104 Berlin

Telefon/Notrufe (Stand Juni 1985)

Dornbirn Telefonseelsorge	täglich	9–12 Uhr 15– 6 Uhr	0 55 72/17 70
Eisenstadt Telefonseelsorge	ab Oktober 1985		0 26 82/17 70
Graz Telefonseelsorge	täglich	0–24 Uhr	03 16/17 70
Innsbruck Telefonseelsorge	täglich	8–11 Uhr 16–22 Uhr	0 52 22/17 70
Klagenfurt Telefonseelsorge	täglich	10–22 Uhr	0 42 22/17 70
Linz Telefonseelsorge	täglich	0–24 Uhr	0 72 22/17 70
Salzburg Telefonseelsorge	täglich	0–24 Uhr	0 62 22/17 70
St. Pölten Telefonseelsorge	täglich	0–24 Uhr	0 27 42/17 70
Wien Telefonseelsorge	täglich	0–24 Uhr	02 22/17 70
Befrienders (für Ausländer)			
Mo–Fr 10–13 Uhr und		19–22 Uhr	
Sa und So		19–22 Uhr	02 22/73 33 74
Sozialer Notruf	täglich	8–20 Uhr	02 22/63 77 77
Psychosozialer Notdienst	täglich	0–24 Uhr	02 22/ 31 84 19–20
Kindertelefon	täglich	0–24 Uhr	02 22/31 66 66

Krisenintervention

Wien: Kriseninterventionszentrum
1090, Spitalgasse 11
Mo–Fr 10–18 Uhr 02 22/43 95 95/0

Graz: Gemeindepsychiatrischer Sektor
8020, Grießplatz 27
Mo–Fr 9–16 Uhr 03 16/9 93/91 10 04
Mittwoch 9–18 Uhr
Samstag 9–12 Uhr

Klagenfurt: Lebensberatung
Mo, Di 10–12 Uhr und 16–19 Uhr
Mi, Do 10–12 Uhr und 16–18 Uhr
Freitag 16–18 Uhr
0 42 22/9 94/5 67 77

Villach: Außenstelle der Lebensberatung Klagenfurt
Villach, Brauhausgasse 10,
ausschließlich Do 16–18 Uhr
sonst: siehe Lebensberatung Klagenfurt
0 42 42/2 13 52

Linz: Krisenintervention
Lustenauerstraße 6
Mo 10–20 Uhr 0 72 22/9 97/21 77
Di, Do, Fr 10–17 Uhr
Mi 12–21 Uhr

Salzburg: Krisenintervention
Salzburg, Gailenbachweg 13a
Mo–Fr 8–19 Uhr 0 62 22/9 96/3 33 51
Sa und So 9–12 Uhr

St. Pölten: Caritas Psychohygienischer Dienst
Mo–Do 8–11,30 Uhr 0 27 42/9 07/34 86/32
13,30–15,30 Uhr
Freitag 8–12 Uhr

BUNDESREPUBLIK

Initiativen und Einrichtungen der Selbstmordverhütung

Telefonseelsorge (bundesweit einheitliche Telefon-Nr.:)
Vorwahl/1 11–01/02

Aachen: 02 41/3 40 20
Hilfe für Lebensmüde, Lebens- und Glaubensberatung,
Minoritenstr. 3, 5100 Aachen

Berlin:	0 30/69 71 *Kriseninterventionszentrum, Städt. Krankenhaus am Urban, Dr. M. Lindner, Dieffenbachstr. 1, 1000 Berlin 61
	0 30/87 01–11 (12) Hilfen für suizidgefährdete Kinder und Jugendliche e. V., Bergmannstr. 102, 1000 Berlin 61
	0 30/8 01 58 48 Ärztliche Lebensmüdenbetreuung, Dr. Klaus Thomas, Glockenstr. 17, 1000 Berlin 37
	0 30/1 11 01 Telefonseelsorge Berlin, Konfliktberatung-Selbstmordverhütung e. V., Jebenstr. 1, 1000 Berlin 12
	0 30/39 37–1 Kriseninterventionszentrum im Krankenhaus Moabit, Turmstr. 21, 1000 Berlin 21
	0 30/4 61 20 63 Projekt Psychosoziale Beratung, Untergruppe Krisenberatung, Frau Radke, Uferstr. 14, 1000 Berlin 65
	0 30/87 01 11 Neuhland, Beratung für Kinder, Jugendliche und Eltern in Notlagen Uhlandstr. 142, 1000 Berlin 31
	*Allgemeinkrankenhäuser m. Angebot der Krisenintervention
Bielefeld:	05 21/8 30 42 Krisenberatungsstelle (AK »Selbstmordverhütung«), Ev. Johanneswerk e. V., Johanneswerkstr. 12 (Postfach 4540), 4800 Bielefeld 1
Bochum:	02 34/70 01–31 69 Psychosoziale Kontaktstelle zur Suizidprophylaxe am Psychologischen Institut der Ruhr-Uni-

versität Bochum
Postfach 10 21 48, 4630 Bochum 1

Böblingen: 0 70 31/6 68–1
*AG »Suizidprophylaxe am Kreiskrankenhaus«,
Kreiskrankenhaus Böblingen, Sozialdienst
Bunsenstr. 120, 7030 Böblingen

Bonn: 0 22 21/34 35 63
Arbeitskreis »Suizidgefährdete« bei der Telefonseelsorge
Meckenheimer Str. 85, 5300 Bonn-Bad Godesberg

Braunschweig: 05 31/33 50 50
Krisenhilfe für Selbstmordgefährdete und
seelisch Notleidende, Frau Dr. Wängler,
Bismarckstr. 5, 3300 Braunschweig

Darmstadt: 0 61 51/1 07–2 90
Städt. Kliniken Darmstadt, Herr Andreas Haensell, med. Klinik I, Krisenintervention/Psychosozialer Bereich
Grafenstr. 9, 6100 Darmstadt

Detmold: 0 52 31/2 96 46
Hilfe zum Weiterleben, AK für Selbstmordverhütung und Krisenberatung e. V.,
Postfach 634, 4930 Detmold

Dortmund: 02 31/43 50 77
*Krisen und Kontaktzentrum Hörde,
Virchowstr. 4,
4600 Dortmund-Hörde (30)

Freiburg: 07 61/3 33 88
Psychosoziale Beratung für Suizidgefährdete,
Freiburg
Karthäuser Str. 77, 7800 Freiburg

Fulda: 06 61/8 74 42
Kontaktzentrum »Hilfe zum Weiterleben«,
Wilhelmstr. 8, 6400 Fulda

06 61/7 46 00
Die Brücke, Herr Prof. Kremer
Löher Str. 37, 6400 Fulda

Hamburg: AG Suizid der Psychosozialen Arbeitsgemeinschaft Eilbek
Helga Prieß, Sozialpsychiatrischer Dienst,
Bachstr. 96, 1000 Hamburg

Hannover: 05 11/8 60 31
»Arbeitsgruppe Leben«, Herr Bergmann,
Berufsbildungswerk Annastift,
Wüfelerstr. 60, 3000 Hannover 72

05 11/1 54 63
Jugend- und Eheberatungsstelle, Frau Dr. Margit Zabel, Osterstr. 57, 3000 Hannover 1

Heidelberg: 0 62 21/53 28 52
*Medizinische Suizidambulanz, Ludolf-Krehl-Klinik,
Bergheimer Str. 56, 6900 Heidelberg

Heidenheim: 0 73 22/51 88
Heidenheimer Club/Arbeitskreis für Selbstmordverhütung (HC-AS) e. V. Herr H. W. Siemon
Postfach 1446, 7920 Heidenheim

Heilbronn: Arbeitskreis Leben Heilbronn,
Geschäftsstelle: Frau Rädemachers
Weinsberger Str. 45, 7100 Heilbronn

Herborn: Arbeitskreis »Suizidgefährdete«, Herr Toni Klein,
Am Kramberg 5, Schönbach, 6349 Herborn

Hildesheim: 0 51 21/5 88 28
Kontaktgruppe für Selbstmordgefährdete e. V.,
Bahnhofstr. 26, 3200 Hildesheim,

Karlsruhe: 07 21/38 50 38 88
Die Brücke, Krisenberatungsstelle
Kronenplatz 1, 7500 Karlsruhe 1

Kassel: 05 61/77 39 30
*Städt. Kliniken, Krankenhaussozialdienst/Psychosozialer Dienst, (Modellprojekt seit 1. 10. 83)
Mönckeburgstr. 48, 3500 Kassel

Koblenz: TECUM, Verein zur Betreuung suizidgefährdeter Menschen e. V. Kontaktadresse: Max Kolbe-Haus

Kurfürstenstr. 73, 5400 Koblenz (Haus des Caritas-Verbandes)

Ludwigshafen: 06 21/51 20 71
Die Arche, Beratung u. Hilfe zum Leben
Falkenstr. 19, 6700 Ludwigshafen

München: 0 89/33 40 41
Die Arche, Zentrale f. Selbstmordverhütung u. Lebenshilfe e. V.,
Viktoriastr. 9/1, 8000 München 40

0 89/41 40
*Liaisondienst der Psychiatrischen Klinik der Techn. Universität an der Toxikologischen Abt. der II. med. Klinik am Klinikum rechts der Isar, Prof. Dr. H. J. Möller
Möhlstr. 26, 8000 München 80

Münster: 01 51/2 77 22
Arbeitskreis für Selbstmordverhütung, Herr Pfarrer Fuchs,
Sebastian-Kirch-Weg 10, 4400 Münster

Nürnberg: 09 11/39 80
Städt. Kliniken Nürnberg, Psychiatr. Klinik, Herr Neerpasch (Dipl. Psych.)
Postfach, 8500 Nürnberg

Nürtingen: 0 70 22/21 12
Arbeitskreis Leben e. V.
Vendelaustr. 27, 7440 Nürtingen

Ravensburg-Weissenau: 07 51/6 01-394 (339)
AG »Suizidalität u. psychiatr. Krankenhaus«, PLK Weissenau, Abt. Psychiatrie I der Universität Ulm, Dr. med. Manfred Wolfersdorf,
7980 Ravensburg-Weissenau

Reutlingen: 0 71 21/2 46 66
Arbeitskreis Leben, Laienhilfe u. Kontakt in Lebenskrisen,
Lindachstr. 13, 7410 Reutlingen

Rheydt: 0 21 66/35 91
*Arbeitskreis f. Suizidverh., Rhein. Landesklinik, Dr. E. Spancken,
Heinrich-Pesch-Str. 39, 4070 Rheydt

Saarbrücken:	06 81/7 70 77 *Evang. KH, Intensivstation, Herr P. Herzog (Dipl. Psych.) Postfach, 6600 Saarbrücken
Stuttgart:	Arbeitskreis Leben Stuttgart e. V. c/o DGS-Geschäftsstelle, Böblingerstr. 24, 7000 Stuttgart 1
Tübingen:	0 70 71/3 37 33 Arbeitskreis Leben, Laienhilfe u. Kontakt i. Lebenskrisen, Lichtensteinstr. 9, 7400 Tübingen

SCHWEIZ

Basel:	Tel. 0 61/43 76 00 Suizidpraevention wird betrieben an der Poliklinik der psychiatrischen Universitätsklinik Basel und der Psychiatrischen Universitätsklinik Basel. Wilhelm-Klein-Straße, 4000 Basel
Genève:	Internationaler Verband für Telefonseelsorge (IFOTES) 20, rue du Marché, 1204 Genève
Bern:	0 34 45/45 00 Kindertelefon: täglich 0–24 Uhr Telefonseelsorgestellen (Dargebotene Hand): generell unter der Nummer 143 zu erreichen.

KAISER TASCHENBÜCHER

52 James W. Fowler, Glaubensentwicklung. Perspektiven für Seelsorge und kirchliche Bildungsarbeit, eingeführt und herausgegeben von Friedrich Schweitzer. Aus dem amerikanischen Englisch übersetzt von Sieglinde Denzel und Susanne Naumann, 179 Seiten, kart. ISBN 3-459-01797-X (Originalausgabe)

53 Die heilsame Reise. Kurze Geschichten zum Nachdenken, hg. von Ulrich Kabitz mit Lore Graf, Martin Lienhard und Reinhard Pertsch. 170 Seiten, kart. ISBN 3-459-01798-8 (Originalausgabe)

54 Gert Otto, Sprache als Hoffnung. Über den Zusammenhang von Sprache und Leben, 110 Seiten, kart. ISBN 3-459-01799-6 (Originalausgabe)

55 Alfred Walter, AIDS als Versuchung. Christliche Existenz und schwere Krankheit, 185 Seiten, kart. ISBN 3-459-01800-3 (Originalausgabe)

56 Gustav W. Heinemann, Unser Grundgesetz ist ein großes Angebot. Rechtspolitische Schriften, hg. von Jürgen Schmude, 267 Seiten, kart. ISBN 3-459-01801-1 (Originalausgabe)

57 Frieden und Gerechtigkeit. Auf dem Weg zu einer ökumenischen Friedensethik, hg. von Götz Planer-Friedrich, 234 Seiten, kart. ISBN 3-459-01802-X (Originalausgabe)

58 Hans Frör, Spielend bei der Sache. Spiele für Gruppen, 104 Seiten, kart. ISBN 3-459-01803-8

59 Arnold Gilg, Weg und Bedeutung der altkirchlichen Christologie, 108 Seiten, kart. ISBN 3-459-01804-6

60 Yorick Spiegel, Der Prozeß des Trauerns. Analyse und Beratung, 324 Seiten, kart. ISBN 3-459-01805-4

61 Jürgen Moltmann, Kirche in der Kraft des Geistes. Ein Beitrag zur messianischen Ekklesiologie, 407 Seiten, kart. ISBN 3-459-01806-2

62 Ulrich Duchrow, Gert Eisenbürger, Joachim Hippler (Hg.), Totaler Krieg gegen die Armen. Geheime Strategiepapiere der amerikanischen Militärs, 256 Seiten, kart. ISBN 3-459-01817-8

63 Konrad Raiser, Ökumene im Übergang. Paradigmenwechsel in der ökumenischen Bewegung, 205 Seiten, kart. ISBN 3-459-01818-6

64 Friedrich Wilhelm Marquardt, Aber Zion nenne ich Mutter... Evangelische Israel-Predigten mit jüdischen Antworten. Herausgegeben von Joachim Hoppe, 171 Seiten, kart. ISBN 3-459-01819-4

65 Jens Müller-Kent, Vermächtnis für die Zukunft. Gspräche mit Helmut Gollwitzer und Kurt Scharf, 178 Seiten, kart. ISBN 3-459-01827-5

66 Ursula Baltz-Otto, Poesie wie Brot, Religion und Literatur: Gegenseitige Herausforderung, 176 Seiten, kart. ISBN 3-459-01828-3

67 Albert H. Friedlander, Ein Streifen Gold. Auf Wegen zur Versöhnung, 175 Seiten, kart. ISBN 3-459-01829-1

68 Erwin Ringel, Selbstmord. Appell an die anderen, 100 Seiten, kart. ISBN 3-459-01831-3

KAISER TASCHENBÜCHER

69 Eberhard Bethge, Dietrich Bonhoeffer, Eine Biographie. 1129 Seiten, kart. ISBN 3-459-01830-5

70 Albrecht Grözinger, Erzählen und Handeln, Studien zu einer trinitarischen Grundlegung der Praktischen Theologie. 130 Seiten, kart. ISBN 3-459-01832-1

71 Das Volk will Ochs und Esel, Ein anderes Weihnachtsbuch. Herausgegeben von Ursula Baltz-Otto. 190 Seiten, kart. ISBN 3-459-1833-X

72 Kirchentag '89, Berichte und Materialien aus Berlin. Deutscher Evang. Kirchentag 1989. Herausgegeben im Auftrag des Deutschen Evangelischen Kirchentages von Rüdiger Runge. 256 Seiten mit 16 Seiten Abbildungen, kart. ISBN 3-459-01835-6